TOUS EN CUISINE !

120 RECETTES À PARTAGER

Plats du soir veggie

SOLAR
EDITIONS

SOMMAIRE

❒ PÂTES, CÉRÉALES & RIZ **4**

❒ POÊLÉES DE LÉGUMES **28**

❒ GRATINÉS **52**

❒ GALETTES & CO **74**

❒ CAKES, QUICHES & CO **98**

❒ SALADES REPAS **122**

❒ SOUPES, VELOUTÉS & CO **144**

❒ PLATS DU MONDE **166**

INDEX **190**

PILAF DE RIZ NOIR, LÉGUMES CROQUANTS

POUR 6 PERSONNES • PRÉPARATION : 30 MIN • CUISSON : 30 MIN

360 g de riz noir + 3 courgettes + 3 poivrons verts + 3 bulbes de fenouil + 1 botte d'oignons nouveaux + 1 oignon + 1 tête d'ail nouveau + 1 tablette de bouillon de légumes 1 cuil. à soupe de vinaigre de cidre + 90 g de câpres au vinaigre + 2 cuil. à soupe de graines de courge + 2 cuil. à soupe de graines de tournesol + 1 cuil. à soupe de graines de sésame 40 g de beurre + 6 cuil. à soupe d'huile d'olive + 1 cuil. à café de sel + Poivre

❒ Pelez et ciselez l'oignon. Lavez les oignons nouveaux et émincez-les finement en conservant 10 cm de tige. Émincez finement l'ail. Lavez les légumes. Coupez les courgettes en petits dés et émincez finement les autres légumes. Torréfiez ensemble les graines quelques dizaines de secondes dans une poêle chaude, sans cesser de remuer.

❒ Préchauffez le four à 180 °C (th. 6) Portez à ébullition 60 cl d'eau avec la tablette de bouillon. Dans une cocotte passant au four, chauffez 2 cuillerées à soupe d'huile avant d'y faire suer l'oignon ciselé pendant 5 minutes. Ajoutez le riz et mélangez pour bien enrober les grains d'huile. Versez le bouillon, couvrez et mettez au four 20 minutes.

❒ Pendant ce temps, dans une poêle, faites revenir quelques minutes les oignons nouveaux et l'ail, puis les légumes séparément avec 1 cuillerée d'huile à chaque fois : ils doivent être encore croquants. Réservez-les. Ajoutez les câpres aux légumes croquants, arrosez de vinaigre, assaisonnez et mélangez. Sortez la cocotte du four, ajoutez le beurre en morceaux, sans remuer, et laissez reposer 5 minutes à couvert. Mélangez.

❒ Servez le riz pilaf dans la cocotte et les légumes croquants dans un plat creux. Accompagnez-les de graines torréfiées.

RIZ NOIR AUX NAVETS CONFITS

POUR 4 PERSONNES • PRÉPARATION : 30 MIN • CUISSON : 35 MIN

360 g de riz noir + 500 g de petits navets ronds + 300 g de petits navets boule d'or
400 g de pleurotes + 3 cuil. à soupe de sirop d'érable + 1 oignon + 2 échalotes
2 gousses d'ail + 10 brins de persil + 60 g de beurre + 50 g de noisettes
1 filet d'huile d'olive + Sel, poivre

❒ Épluchez les navets et coupez-les en dés de 2 cm. Nettoyez au pinceau les pleurotes et fendez-les de manière à obtenir des morceaux de taille régulière. Pelez et émincez l'oignon. Pelez et ciselez les échalotes. Épluchez, dégermez et hachez les gousses d'ail. Rincez, effeuillez et ciselez le persil. Torréfiez les noisettes quelques secondes dans une poêle chaude sans cesser de remuer, puis concassez-les.

❒ Dans une casserole, portez un grand volume d'eau salée à ébullition. Versez le riz et faites cuire 30 minutes à petits bouillons. Égouttez et couvrez d'un linge.

❒ Pendant la cuisson du riz, préparez les navets. Dans une sauteuse, faites fondre 40 g de beurre, ajoutez l'oignon et l'ail et laissez blondir. Ajoutez les dés de navet et mélangez. Versez 10 cl d'eau et le sirop d'érable. Couvrez et laissez cuire 15 minutes à feu doux. Retirez le couvercle et poursuivez la cuisson à feu moyen en remuant de temps en temps 15 minutes. Goûtez et rectifiez l'assaisonnement.

❒ Dix minutes avant la fin de cuisson des navets, faites cuire les champignons. Dans une poêle, chauffez le restant de beurre et saisissez les pleurotes en les retournant de tous les côtés. Ajoutez les échalotes ciselées, salez et continuez à cuire quelques minutes. Servez le riz noir dans les assiettes, arrosé d'un filet d'huile d'olive, répartissez dessus les navets confits au sirop d'érable et les pleurotes, saupoudrez de persil ciselé et de noisettes concassées.

CONCHIGLIONI AUX LÉGUMES RÔTIS, PESTO DE BASILIC

POUR 4 PERSONNES • PRÉPARATION : 50 MIN • CUISSON : 55 MIN

500 g de conchiglioni + 2 courgettes + 1 aubergine + 3 tomates + 1 poivron rouge + 1 poivron vert + 2 oignons + 1 gousse d'ail + 30 g d'amandes + 30 g de parmesan + 2 bouquets de basilic + 7 cuil. à soupe d'huile d'olive + 2 cuil. à soupe de gros sel + Sel, poivre

❒ Lavez et effeuillez le basilic. Pelez et dégermez l'ail. Pelez les oignons. Râpez le parmesan. Lavez et coupez tous les légumes en petits cubes de 1 cm de côté.

❒ Préchauffez le four à 180 °C (th. 6). Déposez les légumes sur une plaque de cuisson à petit rebord ou une lèchefrite. Arrosez de 3 cuillerées à soupe d'huile d'olive et saupoudrez de sel et de poivre. Enfournez pour 45 minutes en remuant de temps en temps.

❒ Préparez le pesto : mettez, dans le bol d'un mixeur, l'ail, les amandes, le parmesan et les feuilles de basilic. Mixez par à-coups tout en versant l'huile en fin filet. Réservez au frais le temps de préparer les pâtes.

❒ Portez à ébullition une grande casserole d'eau et ajoutez le gros sel. Versez les pâtes, remuez régulièrement et laissez cuire le temps indiqué sur le paquet. Délayez le pesto avec une petite louche d'eau de cuisson. Égouttez les pâtes et versez-les dans un plat de service.

❒ Versez le pesto aux amandes sur les pâtes et mélangez. Ajoutez les légumes, remuez à nouveau et servez aussitôt ou laissez refroidir pour servir les conchiglioni en salade froide.

ONE PAN PASTA À LA NORMA

POUR 4 PERSONNES • PRÉPARATION : 10 MIN • CUISSON : 14 MIN

200 g de penne + 1 grosse aubergine + 250 g de sauce tomate nature + 50 g de feta
1 bouquet de basilic + 2 gousses d'ail + 1 petit piment séché + 30 g d'huile d'olive
6 g de sel + 4 à 5 tours de moulin à poivre

❒ Épluchez et hachez l'ail. Égrenez et hachez le piment. Lavez et retirez le pédoncule de l'aubergine. Coupez-la en deux dans le sens de la largeur, puis détaillez chaque moitié en fines rondelles. Recoupez toutes les tranches en deux. Lavez et effeuillez le basilic ; conservez quelques feuilles pour le décor.

❒ Dans une grande casserole, réunissez l'huile, l'aubergine, les feuilles de basilic, l'ail, la sauce tomate, le piment, le sel, le poivre, les pâtes et 40 cl d'eau.

❒ Faites cuire, sans couvrir, sur feu moyen et mélangez fréquemment jusqu'à ce que les pâtes soient cuites (14 minutes environ). Pendant ce temps, détaillez la feta en petits dés.

❒ Répartissez les pâtes dans 4 assiettes à soupe, décorez avec une petite feuille de basilic et quelques dés de feta. Dégustez aussitôt.

Comme il est plus facile d'ajouter du piment que d'en retirer, versez-le progressivement. Attendez qu'il parfume bien vos pâtes et, à la fin de la cuisson, ajoutez-en avec parcimonie selon votre goût. Le plat doit être légèrement épicé.

ORECCHIETTE AU CHOU ROMANESCO À LA CRÈME D'AIL ET DE CITRON

POUR 4 PERSONNES • PRÉPARATION : 20 MIN • CUISSON : 20 MIN

500 g d'orecchiette + 2 choux romanesco + 25 cl de crème liquide + 2 gousses d'ail
1 citron jaune bio + Parmesan râpé pour le service + 1 filet d'huile d'olive + Sel, poivre

❐ Séparez les fleurettes des choux romanesco à l'aide d'un petit couteau et lavez-les. Faites-les cuire à la vapeur douce pendant 8 minutes. Réservez. Lavez le citron et, à l'aide d'une râpe à microlames, prélevez le zeste. Pelez et écrasez du plat du couteau les gousses d'ail.

❐ Dans une casserole, faites chauffer doucement la crème avec le zeste de citron et les gousses d'ail écrasées. Salez et poivrez. Couvrez et laissez infuser 10 minutes hors du feu. Filtrez.

❐ Pendant ce temps, faites cuire les pâtes dans un grand volume d'eau bouillante, le temps indiqué sur l'emballage. Égouttez-les et arrosez-les d'huile d'olive. Remettez les pâtes dans la casserole, ajoutez les fleurettes de chou romanesco et la crème filtrée. Mélangez délicatement et servez aussitôt avec le parmesan râpé.

PÂTES AUX TOMATES SÉCHÉES ET ARTICHAUT

POUR 4 PERSONNES • PRÉPARATION : 5 MIN
CUISSON : 14 MIN

350 g de spaghettis + 1 boîte de 250 g de cœurs d'artichaut + 1 bocal de 250 g de tomates séchées à l'huile + ½ oignon + 1 gousse d'ail + 1 bouquet de basilic + 20 g d'huile d'olive 1 dose de safran + 5 g de sel + 4 à 5 tours de moulin à poivre + Parmesan (facultatif)

❒ Épluchez et hachez l'ail et l'oignon. Lavez et effeuillez le basilic ; conservez quelques feuilles pour le décor. Égouttez les tomates et les cœurs d'artichaut. Coupez les tomates en deux.

❒ Dans une grande casserole, réunissez l'ail, l'oignon, le basilic, les cœurs d'artichaut, les tomates, le safran, l'huile d'olive, les spaghettis cassés en deux, le sel, le poivre et 60 cl d'eau.

❒ Couvrez jusqu'à l'ébullition, puis ôtez le couvercle, baissez à feu moyen et mélangez délicatement et fréquemment jusqu'à ce que les pâtes soient cuites (14 minutes environ).

❒ Répartissez dans 4 assiettes, décorez de quelques feuilles de basilic et dégustez nature ou accompagné de parmesan.

RISOTTO DE QUINOA ET D'ASPERGES

POUR 4 PERSONNES • PRÉPARATION : 20 MIN • CUISSON : 20 MIN

250 g de quinoa + 500 g d'asperges vertes + 4 cuil. à soupe d'huile d'olive + 60 g de beurre
1 l de bouillon de légumes chaud + 10 cl de vin blanc sec + 80 g de parmesan fraîchement râpé + 2 petites échalotes + Sel, poivre

❐ Portez le bouillon à la limite de l'ébullition.

❐ Épluchez et émincez les échalotes. Faites-les revenir avec 2 cuillerées à soupe d'huile d'olive dans une casserole.

❐ Rincez le quinoa puis ajoutez-le dans la casserole. Mélangez 30 secondes environ. Ajoutez le vin blanc et remuez jusqu'à complète évaporation. Ajoutez un peu de bouillon sur le quinoa pour le couvrir légèrement. Dès que le bouillon est absorbé, ajoutez-en à nouveau. Répétez l'opération jusqu'à ce que le quinoa soit tendre mais croquant.

❐ Pendant ce temps, épluchez les asperges et faites-les cuire dans de l'eau bouillante salée ou à la vapeur (le temps dépendra de l'épaisseur des asperges). Découpez-les en tronçons. Faites-les sauter 2 minutes dans une poêle avec le reste d'huile d'olive.

❐ Lorsque le quinoa est prêt, ajoutez le beurre et la moitié du parmesan. Poivrez. Mélangez. Ajoutez les asperges cuites et coupées en tronçons. Servez aussitôt avec le reste de parmesan.

Il est important de goûter le quinoa en cours de cuisson afin de ne pas le laisser devenir mou.

BUTTERNUTS FARCIES AU QUINOA

POUR 4 PERSONNES • PRÉPARATION : 30 MIN • CUISSON : 1 H 25

160 g de quinoa + 2 courges butternut de 900 g environ + 1 pomme + 1 oignon rouge (ou jaune) + 1 orange bio + 12 noix de Grenoble + 3 cuil. à soupe d'huile d'olive + Sel, poivre

❒ Préchauffez le four à 180 °C (th. 6).

❒ Lavez les courges. Coupez-les en deux et retirez les graines à l'aide d'une grosse cuillère. Déposez les demi-butternuts sur une plaque de cuisson et badigeonnez la chair d'huile d'olive. Salez et poivrez. Enfournez pour 1 heure environ. Laissez refroidir.

❒ Pendant ce temps, rincez abondamment les graines de quinoa à l'eau froide. Versez dans une casserole et ajoutez 30 cl d'eau avec ½ cuillerée à café de sel. Portez à ébullition, puis faites cuire à feu moyen 10 minutes environ. Retirez du feu et laissez gonfler à couvert les graines de quinoa 5 minutes.

❒ Épluchez la pomme, retirez le trognon et coupez-la en petits dés. Pelez et ciselez finement l'oignon. Rincez l'orange, prélevez son zeste et pressez-la. Cassez les noix pour récupérer leurs cerneaux et hachez-les grossièrement. Prélevez une partie de la chair de courge en laissant 1 cm autour de la peau. Écrasez la chair grossièrement à la fourchette.

❒ Dans un saladier, mélangez la purée de courge avec le quinoa, les petits dés de pomme et l'oignon ciselé, les cerneaux de noix, le zeste et le jus d'orange. Salez et poivrez.

❒ Garnissez les demi-courges de farce au quinoa. Arrosez d'un filet d'huile d'olive et enfournez pour 15 minutes. Servez dès la sortie du four.

QUINOA-POUSSES D'ÉPINARDS CHAMPIGNONS-PARMESAN

POUR 4 PERSONNES • PRÉPARATION : 15 MIN • CUISSON : 25 À 30 MIN

200 g de quinoa + 1 petite gousse d'ail + 400 g de champignons de Paris émincés pas trop fins + 250 g de pousses d'épinards + 2 tomates + 50 g de parmesan râpé 3 échalotes + 2 à 3 cuil. à soupe d'huile d'olive + Sel, poivre

❒ Rincez le quinoa et faites-le cuire : mesurez 1 fois ½ son volume en eau. Placez-le dans une casserole, portez à la limite de l'ébullition et laissez cuire sur feu moyen 15 minutes. Retirez du feu, mélangez et laissez reposer 5 minutes (sans jamais le couvrir). Le grain doit être croquant.

❒ Épluchez et hachez l'ail (ou passez-le au presse-ail). Épluchez et émincez les échalotes. Lavez les tomates, les pousses d'épinards et les champignons. Séchez-les rapidement. Détaillez les tomates en petits cubes. Ôtez l'extrémité des pieds des champignons puis détaillez-les en morceaux (mais pas fins).

❒ Dans une sauteuse, ajoutez l'huile d'olive, l'ail et les échalotes. Faites-les revenir quelques secondes sur feu vif (sans les brûler). Ajoutez les champignons. Mélangez pendant 1 minute (si vous n'aimez pas les champignons croquants et si les morceaux sont gros, prolongez la cuisson).

❒ Ajoutez alors les épinards, remuez 30 secondes environ puis ajoutez le quinoa. Mélangez encore 1 minute environ. Ôtez du feu. Remuez bien. Salez et poivrez. Servez en saupoudrant d'un peu de parmesan.

SALADE DE PETIT ÉPEAUTRE, HOUMOUS DE POIVRON ROUGE

POUR 4 PERSONNES • PRÉPARATION : 10 MIN • CUISSON : 45 MIN

250 g de petit épeautre

Pour le houmous : 200 g de poivrons à l'huile + 2 cuil. à soupe de tahini + 2 cuil. à soupe d'huile d'olive + 1 gousse d'ail passée au presse-ail + 50 g de pois chiches en conserve 50 g de feta + 1 cuil. à café de jus de citron + ¼ de botte de persil

Pour l'accompagnement : 2 courgettes + 4 tomates + ¼ de botte de persil

Pour la vinaigrette : 4 cuil. à soupe d'huile de colza + 2 cuil. à soupe de vinaigre de vin + Sel, poivre

❒ Mettez tous les ingrédients du houmous dans le bol d'un robot et mixez le tout.

❒ Portez à ébullition une casserole d'eau salée et faites cuire le petit épeautre en suivant les indications figurant sur l'emballage. Égouttez-le.

❒ Détaillez les courgettes en bâtonnets et les tomates en rondelles.

❒ Répartissez dans les bols le petit épeautre, les tomates, les bâtonnets de courgette. Parsemez le persil haché sur les tomates.

❒ Mélangez tous les ingrédients de la vinaigrette et versez-la dans les bols. Déposez le houmous dans des mini-bols.

RISOTTO D'ÉPEAUTRE

POUR 3 À 4 PERSONNES • PRÉPARATION : 15 MIN

TREMPAGE : 1 NUIT (FACULTATIF) • CUISSON : 30 MIN

250 g de graines d'épeautre + 1 bouillon cube de légumes + 1 oignon haché menu + 1 gousse d'ail dégermée et émincée + 1 noix de beurre + quelques parcelles pour lier + ½ tasse à café de parmesan ou de chèvre sec râpé + Poivre

❒ Faites tremper pendant 1 nuit les graines d'épeautre dans 3 fois leur volume d'eau. Si vous n'avez pas anticipé le trempage, faites précuire l'épeautre pendant 20 minutes.

❒ Comme pour un risotto, faites chauffer 75 cl d'eau et le bouillon cube dans une casserole à part.

❒ Faites fondre l'oignon et l'ail dans la noix de beurre. Ajoutez l'épeautre égoutté et laissez les grains s'envelopper du beurre et des arômes de l'oignon. Mouillez peu à peu avec le bouillon chaud, poursuivez la cuisson jusqu'à ce que les grains soient *al dente*, ou plus tendres encore selon votre goût.

❒ Pour lier, ajoutez quelques parcelles de beurre frais, quelques tours de moulin à poivre et le fromage râpé (pas de sel, car le fromage est salé). Bon appétit !

Vous pouvez faire fondre d'autres légumes avec l'oignon et l'ail, comme de la courgette, de la tomate, de la pulpe de potiron… Laissez-vous guider par votre intuition et par les choix de saison sur le marché !

AVOINE, OMELETTE ET PATATE DOUCE

POUR 4 PERSONNES • PRÉPARATION : 10 MIN • CUISSON : 1 H 15

300 g d'avoine

Pour l'omelette :

12 œufs + 6 cuil. à soupe de lait + ¼ de botte de persil + un peu pour servir + Sel, poivre

Pour l'accompagnement :

1 grosse patate douce + 2 filets d'huile d'olive + 50 g de salade + Sel, poivre

❐ Portez à ébullition une casserole d'eau salée et faites cuire l'avoine pendant 45 minutes, à couvert. Égouttez. Versez un filet d'huile d'olive et assaisonnez.

❐ Préchauffez le four à 180 °C (th. 6). Détaillez la patate douce en demi-rondelles. Posez-la sur la plaque de cuisson tapissée de papier sulfurisé, arrosez-la d'un filet d'huile d'olive, assaisonnez et enfournez pour 25 minutes.

❐ Préparez l'omelette au persil. Battez les œufs, ajoutez le lait, le sel, le poivre et le persil ciselé. Mélangez bien. Faites cuire l'omelette dans une poêle pendant 3 minutes. Coupez l'omelette en quatre portions. Dressez les bols en disposant les omelettes et l'avoine. Puis déposez les morceaux de patate douce sur l'avoine et parsemez de salade et de quelques feuilles de persil.

CÉRÉALES, ŒUFS DURS ET TOMATES CERISES

POUR 4 PERSONNES • PRÉPARATION : 10 MIN • CUISSON : 30 MIN

50 g de sarrasin + 50 g de blé + 50 g de riz

Pour l'accompagnement :

4 œufs + 150 g de salade + 150 g de tomates cerises + 1 filet d'huile d'olive

Pour la vinaigrette :

4 cuil. à soupe d'huile d'olive + 2 cuil. à soupe de vinaigre de vin + Sel, poivre

❐ Portez à ébullition trois casseroles d'eau salée et faites cuire les trois céréales séparément suivant les indications sur l'emballage. Égouttez-les, mélangez-les et versez un filet d'huile d'olive.

❐ Faites cuire les œufs pour qu'ils soient durs (10 minutes) et coupez-les en deux.

❐ Répartissez dans les bols d'un côté le mélange de céréales, de l'autre la salade. Disposez les tomates cerises coupées en deux sur les céréales.

❐ Mélangez tous les ingrédients de la vinaigrette et versez-la dans les bols. Déposez les œufs sur la salade.

PERLES DE BLÉ ET RADIS ROSE

POUR 4 PERSONNES • PRÉPARATION : 10 MIN • CUISSON : 10 MIN

200 g de perles de blé + 10 g de beurre salé

Pour l'accompagnement : 1 radis rose + 80 g de salade (mâche…) + 150 g de croûtons
2 cuil. à soupe de pistaches

Pour la vinaigrette : 4 cuil. à soupe d'huile d'olive + 1 cuil. à soupe de sirop d'érable
1 cuil. à café de moutarde + 2 cuil. à soupe de vinaigre de vin + Sel, poivre

❒ Faites cuire les perles de blé selon les indications figurant sur l'emballage. Égouttez-les et ajoutez le beurre salé.

❒ Détaillez le radis en rondelles fines.

❒ Répartissez dans les bols le radis, les feuilles de salade, les croûtons et les pistaches.

❒ Mélangez tous les ingrédients de la vinaigrette et versez-la dans les bols.

Dans la vinaigrette, vous pouvez remplacer le sirop d'érable par du miel.

POIVRONS FARCIS AU MILLET

POUR 4 PERSONNES • PRÉPARATION : 25 MIN • CUISSON : 45 MIN

100 g de graines de millet + 4 poivrons rouges ou jaunes + 1 aubergine + 1 courgette
1 oignon + 10 olives noires + 1 cuil. à soupe de thym (ou herbes de Provence)
6 cuil. à soupe d'huile d'olive + Sel, poivre

❒ Lavez les légumes. Coupez en très petits cubes l'aubergine et la courgette. Découpez les chapeaux des poivrons aux trois quarts et videz-les de leurs graines et membranes blanches. Pelez et ciselez finement l'oignon. Dénoyautez et hachez les olives.

❒ Portez 35 cl d'eau à ébullition avec ½ cuillerée à café de sel. Versez le millet et faites cuire 20 minutes à frémissements : toute l'eau doit être absorbée. Couvrez et laissez gonfler le millet 5 minutes.

❒ Préchauffez le four à 180 °C. Pendant ce temps, dans une grande poêle ou un wok, chauffez 1 cuillerée à soupe d'huile d'olive et faites revenir 2 à 3 minutes les cubes de courgette. Réservez. Dans la même poêle, faites sauter les dés d'aubergine avec 3 cuillerées à soupe d'huile d'olive pendant 5 minutes et réservez. Enfin, faites revenir l'oignon dans 1 cuillerée à soupe d'huile d'olive jusqu'à coloration. Ajoutez le millet, les légumes sautés, le hachis d'olives noires et le thym effeuillé, salez et poivrez selon votre goût.

❒ Garnissez chaque poivron de farce au millet, replacez les chapeaux et disposez les poivrons farcis dans un plat à gratin. Arrosez-les de 1 cuillerée à soupe d'huile d'olive.

❒ Enfournez le plat pour 45 minutes. Servez chaud ou tiède, avec une salade de mesclun par exemple.

FENOUIL BRAISÉ AUX OLIVES VERTES

POUR 4 PERSONNES • PRÉPARATION : 10 MIN • CUISSON : 45 MIN

3 beaux fenouils + 150 g d'olives vertes dénoyautées + 3 cuil. à soupe d'huile d'olive
1 à 2 pincées d'herbes de Provence + Sel, poivre

❒ Nettoyez soigneusement les fenouils et coupez-les en petits morceaux.

❒ Dans une sauteuse, faites chauffer l'huile d'olive, ajoutez les fenouils, mélangez bien et laissez cuire 30 minutes à feu très doux, en remuant régulièrement et en surveillant pour que les fenouils ne brûlent pas.

❒ Salez, poivrez. Ajoutez les olives vertes et les herbes de Provence. Laissez cuire encore 15 minutes, toujours à feu très doux.

BLETTES AU MASCARPONE

POUR 4 PERSONNES • PRÉPARATION : 10 MIN • CUISSON : 15 MIN

800 g de blettes à petites côtes + 250 g de mascarpone + 1 oignon + 2 gousses d'ail
2 cuil. à soupe d'huile d'olive + Sel, poivre

❒ Lavez les blettes, émincez finement les côtes et les feuilles au couteau et faites-les cuire quelques minutes à la vapeur : le blanc doit être juste tendre, un peu croquant.

❒ Pelez et émincez finement l'oignon. Épluchez, dégermez et hachez les gousses d'ail.

❒ Dans une sauteuse, faites revenir quelques minutes à l'huile d'olive l'oignon et l'ail, puis ajoutez les blettes. Laissez cuire 2 minutes, puis ajoutez le mascarpone. Salez et poivrez. Poursuivez la cuisson jusqu'à ce que le mascarpone soit bien fondu.

❒ Servez aussitôt.

Cette recette s'adapte très facilement aux épinards. Contrairement aux blettes, vous n'avez pas besoin de précuire les feuilles à la vapeur. Faites-les simplement tomber dans la poêle !

ENDIVES ET CHAMPIGNONS AUX HERBES FRAÎCHES

POUR 4 PERSONNES • PRÉPARATION : 15 MIN • CUISSON : 20 MIN

4 belles endives + 200 g de champignons + 1 échalote + 5 brins de persil plat
40 g de noisettes + Le jus de 1 citron + 1 cuil. à soupe d'huile d'olive + Sel, poivre

❐ Lavez les endives, coupez-les en tronçons. Lavez les champignons, puis émincez-les. Pelez et émincez l'échalote. Rincez et hachez le persil. Hachez les noisettes.

❐ Faites dorer l'échalote, les endives et les champignons dans une sauteuse avec l'huile d'olive, pendant 5 minutes. Arrosez de jus de citron, ajoutez la moitié du persil et ½ verre d'eau, salez et poivrez. Couvrez et laissez mijoter 10 à 15 minutes.

❐ Disposez les endives et les champignons dans un plat, décorez avec le reste de persil et les noisettes et servez aussitôt.

Pensez à retirer la base des endives qui est un peu amère.

POIS CHICHES ET EDAMAMES CROUSTILLANTS

POUR 1 PERSONNE • PRÉPARATION : 5 MIN • CUISSON : 5 MIN

60 g de pois chiches cuits + 60 g d'edamames surgelés + 1 cuil. à café de curcuma
1 cuil. à café de paprika + 1 cuil. à café de sauce soja + Huile d'olive

❒ Faites chauffer une poêle à feu vif avec un trait d'huile d'olive. Ajoutez les pois chiches et les edamames, ajoutez le curcuma et le paprika, la sauce soja et laissez dorer 5 minutes.

❒ Servez dans un bol. Les cosses des edamames ne se mangent pas, il faut presser la cosse avec les doigts pour faire sauter les fèves dans la bouche.

MIX DE LÉGUMES SAUTÉS

POUR 4 PERSONNES • PRÉPARATION : 15 MIN • CUISSON : 20 MIN

15 choux de Bruxelles + 1 chou-fleur + 1 brocoli + 3 carottes + 10 tomates cerises
1 poivron jaune + 3 cuil. à soupe d'huile + 1 cuil. à soupe de sucre + 3 cuil. à soupe de sauce végétarienne pour sauté + 2 cuil. à soupe de sauce soja + 2 cuil. à soupe d'huile de sésame
Sel, poivre

❐ Coupez les choux de Bruxelles en deux. Épluchez et coupez les carottes en rondelles. Coupez le poivron jaune en dés. Coupez la tête de brocoli en petites fleurettes, procédez de même avec le chou-fleur. Coupez les tomates cerises en deux.

❐ Faites d'abord blanchir les choux de Bruxelles 5 minutes dans une casserole d'eau bouillante salée. Puis égouttez-les et réservez. Faites cuire le chou-fleur, les carottes et le brocoli dans une casserole d'eau bouillante (non salée) pendant 5 minutes. Réservez. Versez l'huile dans le wok et faites chauffer à feu vif. Versez les dés de poivron et saisissez-les pendant 3 minutes. Ajoutez les choux de Bruxelles, le chou-fleur, les carottes et le brocoli, puis mélangez bien. Versez ensuite la sauce végétarienne pour sauté, la sauce soja, l'huile de sésame et le sucre. Faites revenir pendant 4 à 5 minutes. Ajoutez les tomates cerises en fin de cuisson. Mélangez bien et poivrez.

❐ Servez dans une assiette creuse, accompagné de riz ou de quinoa.

Pour conserver la texture et la couleur des légumes, après les avoir cuits dans l'eau bouillante, plongez-les dans l'eau froide et égouttez-les juste avant de les verser dans le wok.

POÊLÉE DE CHOU KALE AU GINGEMBRE, ŒUFS ET FETA

POUR 4 PERSONNES • PRÉPARATION : 10 MIN • CUISSON : 10 MIN

150 g de chou kale + 2 cm de gingembre + 4 œufs + 150 g de feta + 12 cl de bouillon de légumes en cube (ou eau) + 150 g de tomates cerises + 2 gousses d'ail + 1 échalote 2 cuil. à soupe d'huile d'olive + 1 pincée de piment d'Espelette + Le jus de ½ citron + Sel

❐ Rincez et découpez grossièrement le chou kale. Pelez et émincez l'ail et l'échalote, pelez et râpez le gingembre. Faites fondre l'huile dans une poêle en fonte et ajoutez l'ail, l'échalote et le gingembre avec le piment d'Espelette.

❐ Laissez mijoter à feu doux pendant 3 minutes puis ajoutez le chou kale et le jus du citron, salez. Versez le bouillon. Faites un peu de place pour les œufs au milieu de la poêle et ajoutez-les.

❐ Parsemez de feta émiettée et garnissez de tomates cerises coupées en deux. Servez à même la poêle.

LODGE

MARMELADE DE LÉGUMES D'ÉTÉ

POUR 2 PERSONNES • PRÉPARATION : 10 MIN • CUISSON : 35 À 50 MIN

3 tomates ou 50 cl de coulis de tomates nature + 1 poivron jaune + 1 poivron rouge
1 courgette + 1 gousse d'ail dégermée et émincée + 1 cuil. à soupe d'huile d'olive

❐ Nettoyez poivrons et courgette et coupez-les en morceaux. Taillez une croix sous les tomates, peu profonde, pour éviter qu'elles n'éclatent à la cuisson, et plongez-les 2 minutes dans l'eau bouillante. Enlevez la peau sous l'eau courante froide. Coupez-les grossièrement. Réservez-les pour la deuxième cuisson.

❐ Mettez les légumes dans une sauteuse, à feu moyen, avec l'huile d'olive. Faites-les sauter 5 minutes, puis ajoutez l'ail émincé.

❐ Ajoutez les tomates et laissez compoter 30 minutes. La cuisson de cette marmelade peut être prolongée de 15 minutes : plus la marmelade réduit, plus les saveurs se concentrent. Cette marmelade s'accompagne d'un féculent comme la semoule, le boulgour ou des petites pâtes.

WOK DE PANAIS AUX PLEUROTES

POUR 6 PERSONNES • PRÉPARATION : 25 MIN • CUISSON : 20 MIN

600 g de petits panais + 400 g de pleurotes + 30 g de beurre + 10 cl de bouillon de légumes + 1 échalote + 1 cuil. à soupe de cerfeuil ciselé + Sel, poivre

❒ Épluchez les panais. Rincez-les et épongez-les. Taillez-les en rondelles de 2 mm d'épaisseur. Nettoyez les pleurotes. Retirez le pied. Laissez les petits entiers et émincez les gros en lamelles épaisses. Épluchez et hachez finement l'échalote.

❒ Plongez les panais 2 minutes dans une grande casserole d'eau bouillante légèrement salée. Égouttez-les. Mettez le beurre à fondre dans un wok ou une sauteuse à feu moyen. Ajoutez les pleurotes et faites-les sauter 4 à 5 minutes, jusqu'à ce qu'ils commencent à dorer. Parsemez l'échalote. Faites cuire encore 1 minute, puis ajoutez les panais et le bouillon. Baissez le feu et laissez mijoter 10 minutes environ, jusqu'à ce que presque tout le liquide soit évaporé. Goûtez et rectifiez l'assaisonnement.

❒ Versez dans un plat creux bien chaud et parsemez de cerfeuil.

CHOU CHINOIS SAUTÉ AUX TOMATES CERISES

POUR 4 PERSONNES • PRÉPARATION : 10 MIN • CUISSON : 5 MIN

½ chou chinois + 200 g de tomates cerises + ½ bouquet de coriandre + 1 cuil. à soupe d'huile d'olive + 3 cuil. à soupe de sauce soja + 1 cuil. à soupe d'huile de sésame 2 cuil. à soupe de sésame noir + Poivre

❒ Rincez le chou chinois, émincez-le finement. Rincez les tomates cerises, coupez-les en deux. Rincez et hachez la coriandre.

❒ Faites sauter le chou et les tomates émincés à feu vif dans un wok avec l'huile d'olive. Poivrez, ajoutez la sauce soja. Laissez cuire 5 minutes à feu vif en remuant.

❒ Versez dans un plat, ajoutez l'huile de sésame, la coriandre hachée, saupoudrez de sésame noir et servez aussitôt.

CAROTTES CONFITES À LA POÊLE

POUR 3 À 4 PERSONNES • PRÉPARATION : 10 MIN • CUISSON : 30 MIN

4 carottes + 1 noix de beurre + Quelques pincées de cumin ou de curcuma
1 cuil. à soupe d'huile de noix ou d'argan

- Épluchez et coupez les carottes dans toute leur longueur sur ½ cm d'épaisseur.
- Faites doucement fondre la noix de beurre dans une grande poêle et tapissez avec les carottes. Recouvrez d'un papier sulfurisé bien collé sur les carottes afin de contenir la condensation de la cuisson. Laissez braiser à feu doux pendant au moins 30 minutes.
- Retirez le papier sulfurisé et versez dans un plat. Ajoutez l'huile et l'épice.

Ces carottes se dégustent avec du boulgour ou du quinoa.

ÉPINARDS AU CHÈVRE FRAIS

POUR 4 PERSONNES • PRÉPARATION : 10 MIN • CUISSON : 15 MIN

600 g d'épinards en branches surgelés + 1 gousse d'ail + 1 brin de basilic + 15 g de beurre
1 cuil. à soupe de crème fraîche épaisse + 80 g de chèvre frais + 1 pincée de noix de muscade + Sel, poivre

❒ Pelez la gousse d'ail. Rincez et hachez le basilic.

❒ Disposez les épinards surgelés dans une sauteuse, avec la gousse d'ail entière, le basilic haché, le beurre et ½ verre d'eau. Salez, poivrez, ajoutez la noix de muscade. Couvrez et laissez cuire 10 minutes à feu doux.

❒ Ajoutez la crème fraîche en fin de cuisson. Versez dans un plat et ajoutez le chèvre frais émietté. Servez aussitôt.

Les épinards sont riches en antioxydants et en fer, consommez-en régulièrement, crus ou cuits !

ÇERFEUIL TUBÉREUX SAUTÉ AUX CHÂTAIGNES

POUR 4 PERSONNES • PRÉPARATION : 20 MIN • CUISSON : 10 MIN

30 g de beurre + 500 g de cerfeuils tubéreux + 200 g de châtaignes au naturel (sous vide ou surgelées) + 1 cuil. à soupe d'huile d'olive + Sel, poivre

❐ Épluchez largement les cerfeuils au couteau économe. Lavez-les, puis épongez-les avec soin. Coupez-les en rondelles épaisses ou en quartiers. Rincez et séchez les châtaignes, puis coupez-les en quatre.

❐ Chauffez le beurre et l'huile dans une sauteuse. Ajoutez les cerfeuils et faites cuire 5 à 8 minutes, à feu moyen à vif, en remuant très souvent. Vérifiez qu'ils sont tendres en les piquant avec la pointe d'un couteau. Quand les cerfeuils commencent à dorer, ajoutez les châtaignes, salez et poivrez. Mélangez bien et laissez encore 2 à 3 minutes sur le feu pour bien réchauffer l'ensemble.

❐ Versez dans un plat chaud.

POÊLÉE DE LÉGUMES D'AUTOMNE ET QUINOA

POUR 2 PERSONNES • PRÉPARATION : 20 MIN • CUISSON : 20 MIN

300 g de champignons + 200 g de courge + 250 g d'épinards + 1 petit chou-fleur (300 g)
½ verre de quinoa + Huile d'olive + Crème de soja + Cumin + Gomasio

❒ Mettez le quinoa dans une casserole avec deux fois son volume d'eau bouillante ; laissez cuire à feu doux jusqu'à ce que les grains éclatent en libérant le germe et que toute l'eau ait été absorbée.

❒ Détaillez le chou-fleur en petits bouquets et faites-les revenir dans une poêle avec un peu d'eau à feu moyen, pendant 10 à 15 minutes (n'hésitez pas à rajouter un peu d'eau en cours de cuisson si nécessaire).

❒ Faites revenir les champignons dans un peu d'huile d'olive pendant 4 minutes environ. Réservez.
Procédez de même avec les épinards, après les avoir rincés et débarrassés de leur tige centrale.

❒ Épluchez la courge et coupez-la en fines tranches ; faites-les revenir dans un peu d'eau pendant 5 minutes, jusqu'à ce que les tranches soient tendres sous la lame d'un couteau.

❒ Assaisonnez les épinards de crème de soja et le chou-fleur de cumin. Réunissez tous les ingrédients. Servez, nappé d'huile d'olive et saupoudré de gomasio.

LÉGUMES SAUTÉS AU MIEL ET GINGEMBRE

POUR 4 PERSONNES • PRÉPARATION : 15 MIN • CUISSON : 10 MIN

1 poivron vert + 1 courgette + 2 poignées de pousses de soja + 5 brins de coriandre
1 morceau de gingembre de 2 cm + 2 cuil. à soupe d'huile d'olive + 2 cuil. à soupe de miel
2 cuil. à soupe de vinaigre balsamique + Sel, poivre

❒ Lavez et émincez le poivron et la courgette. Rincez et égouttez les pousses de soja. Rincez et hachez la coriandre. Pelez, rincez et coupez le gingembre en fins bâtonnets.

❒ Faites chauffer l'huile dans un wok ou une poêle. Ajoutez les légumes et le miel, faites-les sauter pendant 5 minutes à feu vif en remuant.

❒ Ajoutez le vinaigre, le miel et la coriandre hachée. Salez, poivrez, faites cuire quelques instants, et servez aussitôt.

POÊLÉE DE MANGE-TOUT ET TOMATES

POUR 4 PERSONNES • PRÉPARATION : 15 MIN • CUISSON : 40 MIN

800 g de haricots mange-tout + 10 tomates mûres (rabelais) + 2 gros oignons
5 gousses d'ail + 4 cuil. à soupe d'huile d'olive + 1 cuil. à café de cumin en graines
Piment de Cayenne + Sel, poivre

❐ Lavez les tomates et coupez-les en dés. Épluchez les gousses d'ail et les oignons ; émincez-les.

❐ Faites chauffer l'huile d'olive dans une cocotte, ajoutez les tomates, l'ail et les oignons. Assaisonnez en sel, poivre, cumin et piment. Faites dorer quelques minutes à feu vif puis couvrez d'eau, et laissez mijoter 10 minutes à couvert et à feu doux.

❐ Pendant ce temps, lavez les mange-tout, et faites-les cuire 10 minutes au cuit-vapeur.

❐ Mettez-les ensuite dans la cocotte, rectifiez l'assaisonnement, ajoutez un peu d'eau si nécessaire, et laissez mijoter 30 minutes à feu doux.

Si vous ne trouvez pas de mange-tout, cette recette peut être réalisée avec des pois gourmands, comme c'est le cas sur la photo !

QUENELLES AUX CÈPES

POUR 4 PERSONNES • PRÉPARATION : 30 MIN • CUISSON : 40 MIN

200 g de cèpes frais (ou 20 g séchés) + 800 g de pommes de terre bintje, cuites à la vapeur
1 jaune d'œuf + 40 g de beurre + 70 g de parmesan fraîchement râpé + 1 gousse d'ail
1 bouquet de persil plat + 2 cuil. à soupe d'huile d'olive extra-vierge + Sel, poivre

❒ Épluchez et écrasez la gousse d'ail. Hachez les feuilles de persil. Faites gonfler les cèpes dans un bol d'eau bouillante salée pendant 5 minutes, puis égouttez-les et coupez-les en fines lamelles. Gardez leur eau de végétation. Préchauffez le four à 200 °C (th. 6-7).

❒ Faites cuire les pommes de terre non pelées à l'autocuiseur, 20 minutes à partir du sifflement. Dans une poêle, versez l'huile et faites-y revenir l'ail. Ajoutez les cèpes, une petite louche de leur eau de végétation, le persil, du sel et du poivre. Faites cuire pendant 5 minutes, en mélangeant. Puis éteignez, ôtez la gousse d'ail et réservez la sauce.

❒ Pelez les pommes de terre cuites et passez-les au presse-purée. Mettez-les dans un saladier et mélangez-les avec le jaune d'œuf, du sel et du poivre. Incorporez la sauce aux cèpes à la purée, ajoutez 15 g de beurre, 20 g de parmesan, du sel et du poivre.

❒ Avec 2 cuillères, formez les quenelles aux cèpes et déposez-les dans un plat allant au four. Parsemez avec le parmesan et le beurre restants, et passez au four 20 minutes. Servez bien chaud.

GRATIN DE PÂTES

POUR 4 PERSONNES • PRÉPARATION : 20 MIN • CUISSON : 45 MIN

300 g de pâtes + 25 g de beurre + un peu pour le plat à gratin + ½ oignon jaune + 1 gousse d'ail 1 cuil. à soupe bombée de farine + 60 cl de lait entier + ½ cuil. à café de paprika + ¼ de cuil. à café de noix de muscade moulue + 150 g de comté râpé + 20 g de chapelure + 1 cuil. à café de sel + un peu pour la cuisson + ½ cuil. à café de poivre moulu + Huile d'olive

❐ Préchauffez le four à 200 °C (th. 6-7) et beurrez un plat à gratin. Portez à ébullition une casserole d'eau salée et faites cuire les pâtes *al dente*, en suivant le temps de cuisson indiqué sur le paquet, puis égouttez-les.

❐ Épluchez et émincez l'oignon et l'ail. Dans une casserole, faites fondre le beurre sur feu moyen. Ajoutez l'oignon et l'ail et faites-les revenir pendant 5 minutes. Ajoutez la farine en fouettant. Versez progressivement le lait, sans cesser de fouetter. Ajoutez le paprika, la noix de muscade, le sel et le poivre. Réduisez le feu et laissez mijoter sur feu doux, tout en continuant de fouetter, jusqu'à ce que la sauce épaississe. Ajoutez le comté, petit à petit, jusqu'à ce qu'il soit entièrement fondu. Retirez du feu.

❐ Dans le plat à gratin beurré, versez les pâtes et la sauce puis mélangez. Parsemez le plat de chapelure et arrosez avec un filet d'huile d'olive. Enfournez et laissez cuire 30 minutes environ.

CRUMBLE DE FENOUIL AU CHÈVRE

POUR 4 PERSONNES • PRÉPARATION : 15 MIN • CUISSON : 30 À 35 MIN

4 bulbes de fenouil (ou 8 petits) + 250 g de chèvre frais + Quelques gouttes de jus de citron + 2 cuil. à soupe de persil ciselé + 3 cuil. à soupe d'huile d'olive + Sel, poivre

Pour les miettes du crumble : 60 g de farine + 60 g de chapelure + 60 g de beurre ramolli
1 grosse pincée de sel

❐ Préparez le fenouil en retirant les grosses feuilles dures extérieures. Coupez-les en lamelles. Faites-les cuire une dizaine de minutes à couvert, à feu doux, avec l'huile d'olive, quelques gouttes de jus de citron, 3 cuillerées à soupe d'eau, du sel et du poivre, jusqu'à ce qu'ils soient juste tendres. Égouttez-les.

❐ Préchauffez le four à 180 °C (th. 6) et huilez un plat à gratin. Coupez le chèvre en lamelles.

❐ Préparez la pâte du crumble : réunissez la farine, la chapelure, le sel et le beurre coupé en petits morceaux dans une jatte et malaxez du bout des doigts pour obtenir une consistance granuleuse.

❐ Rangez les quartiers de fenouil dans le plat en les intercalant avec les lamelles de chèvre.

❐ Parsemez le persil et recouvrez des miettes. Faites cuire 20 à 25 minutes jusqu'à ce que la surface soit bien dorée et servez à la sortie du four.

AUBERGINES À LA BONIFACIENNE

POUR 4 PERSONNES • PRÉPARATION : 15 MINUTES • CUISSON : 45 MINUTES

5 à 6 aubergines (selon la grosseur) + 150 g de tomme de brebis corse (mélange de tomme jeune et de tomme affinée) + 2 œufs + 50 cl de lait + 1 botte de basilic 2 gousses d'ail + ½ baguette de pain + Huile d'olive + Sel, poivre

❒ Râpez la tomme de brebis. Épluchez les gousses d'ail et hachez-les.

❒ Dans une casserole, faites bouillir de l'eau. Lavez les aubergines, enlevez le pédoncule, coupez-les en deux dans le sens de la longueur, plongez-les dans l'eau bouillante et laissez-les cuire 10 minutes à feu doux.

❒ Pendant ce temps, coupez la baguette en petits morceaux et mettez-les à tremper dans le lait.

❒ Sortez les aubergines de l'eau, égouttez-les et retirez leur chair avec une cuillère à café : procédez très délicatement car il ne faut surtout pas percer la peau. Réservez dans une assiette.

❒ Sortez les morceaux de pain du lait et ajoutez-les à la chair des aubergines. Essorez le tout dans un torchon.

❒ Préchauffez le four à 180 °C (th. 6). Dans un saladier, mélangez la chair des aubergines, le pain, la tomme de brebis râpée, les œufs et l'ail haché. Salez et poivrez. Mélangez bien jusqu'à l'obtention d'une farce homogène.

❒ Farcissez les peaux des aubergines de ce mélange. Posez-les dans un plat à four légèrement graissé à l'huile d'olive. Enfournez et laissez cuire 30 minutes. Vous pouvez, si vous le désirez, donner un petit coup de gril à 250 °C, en fin de cuisson, pour dorer un peu plus la préparation. Parsemez de feuilles de basilic.

GRATIN DE LÉGUMES-RACINES

POUR 4 À 6 PERSONNES • PRÉPARATION : 40 MIN • REPOS : 10 MIN
CUISSON : 1 H

500 g de pommes de terre + 500 g de patates douces + 300 g de navets + 35 cl de lait entier + 35 cl de crème entière liquide + 6 feuilles de sauge + 6 tiges de thym + 1 feuille de laurier + 1 gousse d'ail + 1 cuil. à café de sel + ½ cuil. à café de poivre moulu 1 cuil. à café de noix de muscade râpée + Beurre pour le plat à gratin

❐ Lavez et épluchez les pommes de terre, les patates douces et les navets. À l'aide d'une mandoline ou d'un couteau bien aiguisé, coupez les légumes en fines tranches régulières.

❐ Préchauffez le four à 180 °C (th. 6). Dans une casserole, versez le lait entier, la crème puis ajoutez les feuilles de sauge émincées, le thym, la feuille de laurier, la gousse d'ail épluchée, le sel, le poivre et la noix de muscade. Faites chauffer sur feu moyen jusqu'à frémissements puis laissez reposer 10 minutes à couvert.

❐ Filtrez la crème à travers une passoire fine. Beurrez un plat à gratin et placez-y les légumes en rangées. Versez la crème dessus.

❐ Enfournez et laissez cuire 45 minutes environ. Le gratin est prêt lorsque la lame d'un couteau peut s'enfoncer dans les légumes sans forcer, que la crème est réduite et dorée. Servez bien chaud avec une salade croquante.

LASAGNE À LA BROUSSE ET AU PESTO

POUR 4 PERSONNES • PRÉPARATION : 20 MIN • CUISSON 30 MIN

300 g de feuilles de lasagne fraîches ou de pâte fraîche + 300 g de brousse de brebis
1 petit œuf + 80 g de parmesan fraîchement râpé + 1 cuil. à soupe d'huile pour le plat

Pour le pesto : 20 g de parmesan fraîchement râpé + 1 petite gousse d'ail + ½ bouquet de basilic + ½ bouquet de persil + 15 g de pignons de pin ou d'amandes grillées non salées
5 cl d'huile d'olive + Sel, poivre

❒ Huilez un plat à four à l'aide d'un pinceau. Préchauffez le four à 180 °C (th. 6).

❒ Préparez le pesto : pelez l'ail, dégermez-le et hachez-le grossièrement. Rincez rapidement le basilic et le persil à l'eau fraîche et effeuillez-les. Mettez-les dans le bol d'un petit robot avec le parmesan, l'ail et les pignons. Salez et poivrez. Mixez tout en ajoutant l'huile en filet. Réservez une bonne cuillerée à soupe de cette préparation.

❒ Cassez l'œuf et battez-le à la fourchette. Ajoutez la brousse, le pesto et le parmesan.

❒ Étalez une feuille de lasagne au fond du plat, puis une couche de brousse au pesto. Recouvrez d'une autre feuille de lasagne, puis d'une nouvelle couche de brousse et terminez par une feuille de lasagne. Étalez le reste de pesto sur la dernière feuille de lasagne, puis enfournez pour 30 minutes. Laissez reposer 5 minutes avant de servir.

ŒUFS GRATINÉS AU FOUR

POUR 2 PERSONNES • PRÉPARATION : 5 MIN • CUISSON : 10 À 12 MIN

4 œufs + 2 tranches de pain complet ou aux céréales + 6 noix de Grenoble
2 cuil. à soupe de lait + 2 cuil. à soupe de crème liquide (ou crème végétale)
2 cuil. à soupe de fines herbes + 2 cuil. à soupe d'huile d'olive + Sel, poivre

❐ Lavez et ciselez les fines herbes. Décoquillez les noix.

❐ Huilez deux petits plats à gratin de 1 cuillerée à café d'huile d'olive. Déposez les tranches de pain et imbibez-les de lait. Creusez dans la mie de chaque tranche deux petits trous sur lesquels vous cassez les œufs. Nappez de 1 cuillerée à soupe de crème, salez et poivrez selon votre goût, saupoudrez de fines herbes et parsemez de cerneaux de noix.

❐ Préchauffez le four à 180 °C (th. 6). Enfournez pour 10 à 12 minutes, le temps que le blanc soit pris.

❐ Apportez directement du four à la table. Attention, ne touchez pas les plats, ils sont brûlants ! Servez avec une salade de mâche.

PATATES DOUCES FARCIES AU COMTÉ

POUR 4 PERSONNES • PRÉPARATION : 10 MIN • CUISSON : 35 MIN MINIMUM

2 grosses patates douces + 150 g de comté + 50 g de beurre
10 tiges de ciboulette + Sel, poivre

❐ Lavez les patates douces, essuyez-les et enveloppez-les dans du papier d'aluminium. Ciselez la ciboulette. Râpez le comté. Préchauffez le four à 180 °C (th. 6).

❐ Placez les patates douces dans un plat allant au four. Enfournez-les 30 minutes. Vérifiez la cuisson avec la pointe d'un couteau, prolongez la cuisson si nécessaire. Retirez le papier d'aluminium et coupez-les en deux. Avec une petite cuillère, retirez délicatement de la chair, mais laissez au moins 1 cm de chair pour conserver la solidité de la patate douce. Préchauffez le gril à 220 °C (th. 7-8). Faites fondre dans une casserole le beurre. Dans un saladier, réunissez la pulpe des patates, les ¾ du comté, le beurre, la ciboulette, puis salez et poivrez. Mélangez. Garnissez les patates douces avec cette préparation. Répartissez le reste du comté, puis faites gratiner 5 minutes sous le gril du four.

TIAN PROVENÇAL

POUR 4 PERSONNES • PRÉPARATION : 30 MIN • CUISSON : 50 MIN

750 g de tomates mûres + 300 g d'aubergines + 300 g de courgettes + 2 oignons + 2 gousses d'ail + ½ bouquet de persil plat + 10 cl d'huile d'olive + 1 cuil. à café d'herbes de Provence 2 brins de basilic + 50 g de fromage râpé (comté ou parmesan) + Sel, poivre

❐ Pelez les oignons et les gousses d'ail ; coupez-les en fines rondelles. Faites-les fondre avec 1 cuillerée à soupe d'huile d'olive, en remuant souvent, jusqu'à ce qu'ils soient translucides. Réservez-les. Ciselez le persil et le basilic. Lavez et coupez tous les légumes en rondelles de 5 mm d'épaisseur. Faites chauffer 3 cuillerées à soupe d'huile dans une poêle et étalez-y les tranches d'aubergine. Faites-les revenir à feu modéré, en les retournant une fois, pour les dorer des deux côtés.

❐ Préchauffez le four à 180 °C (th. 6). Étalez les oignons et l'ail fondus dans un plat à gratin. Recouvrez-les de rondelles de tomate, d'aubergine et de courgette. Salez et poivrez. Parsemez d'herbes de Provence, du basilic et du persil ciselés, puis versez le reste d'huile d'olive en filet. Glissez le plat dans le four et laissez cuire pendant 35 minutes environ. Sortez le plat du four et parsemez le fromage râpé en surface. Remettez au four pendant 5 minutes environ.

QUENELLES D'ÉPINARDS AU FOUR

POUR 4 PERSONNES • PRÉPARATION : 15 MIN • CUISSON : 30 MIN • REPOS : 10 MIN

2 jaunes d'œufs + 50 cl de lait entier frais + 70 g de beurre + 50 g de parmesan fraîchement râpé + 170 g d'épinards frais (ou 85 g surgelés) + 100 g de semoule de blé fine
Sel, poivre

❒ Préchauffez le four à 200 °C (th. 6-7). Lavez, essorez et émincez les épinards. Faites bouillir le lait avec une pincée de sel et du poivre. Ajoutez la semoule en vous aidant d'un fouet, puis les épinards. Faites cuire pendant 10 minutes.

❒ Éloignez la préparation du feu et ajoutez les jaunes d'œufs, 20 g de beurre, du sel, du poivre et 15 g de parmesan. Versez la préparation sur une planche en bois et laissez refroidir 10 minutes. En vous aidant de 2 cuillères, formez les quenelles et déposez-les dans un plat allant au four beurré. Ajoutez 50 g de beurre fondu et saupoudrez avec le parmesan restant. Enfournez 20 minutes environ.

❒ Répartissez dans les assiettes avant de servir.

MAC & CHEESE

POUR 6 PERSONNES • PRÉPARATION : 30 MIN • CUISSON : 25 À 30 MIN

500 g de macaronis + 250 g de cheddar + 150 g de brie + ½ l de lait + 40 g de beurre 80 g de chapelure + 40 g de farine + 4 gousses d'ail + 10 feuilles de basilic + 2 branches de thym frais + 1 pincée de noix de muscade (facultatif) + 1 cuil. à soupe d'huile d'olive 10 g de sel + 10 tours de moulin à poivre

❒ Épluchez et hachez les gousses d'ail. Ciselez le basilic. Effeuillez le thym. Râpez le cheddar. Enlevez la croûte du brie et coupez-le en petits dés.

❒ Préparez la béchamel. Dans une casserole, faites fondre le beurre, puis faites-y revenir l'ail sans le colorer. Versez la farine, mélangez avec un fouet. Versez progressivement le lait hors du feu et mélangez pour éviter la formation de grumeaux. Remettez la casserole sur le feu, laissez cuire jusqu'à l'ébullition sans cesser de mélanger, ajoutez la noix de muscade, salez et poivrez.

❒ Préchauffez le four à 190 °C (th. 6-7). Faites cuire les macaronis selon le temps indiqué sur le paquet. Égouttez-les, mélangez-les avec le cheddar râpé, puis la béchamel et ajoutez le basilic. Versez dans un plat à gratin. Répartissez le brie sur le dessus du plat, enfournez pour 10 minutes. Pendant ce temps, faites chauffer l'huile d'olive dans une poêle, versez la chapelure, ajoutez le thym. Lorsque les pâtes sont bien gratinées, sortez le plat du four, recouvrez de chapelure, enfournez à nouveau pour 5 à 10 minutes, puis servez dans le plat de cuisson.

GRATIN DE COURGETTES

POUR 6 PERSONNES • PRÉPARATION : 10 MIN • CUISSON : 45 MIN

1,5 kg de courgettes + 4 œufs + 50 cl de crème fraîche épaisse + 150 g d'emmental râpé
Noix de muscade en poudre + Sel, poivre

❒ Lavez soigneusement les courgettes et enlevez les bouts. Coupez-les en rondelles de 1 cm, sans les éplucher. Faites-les cuire 15 minutes à la vapeur pour éviter l'excès d'eau. Si vous n'avez pas de cuit-vapeur, faites-les cuire 15 minutes à l'eau (il ne faut pas qu'elles soient trop cuites) et égouttez-les soigneusement en les écrasant à la fourchette dans la passoire.

❒ Battez les œufs en omelette dans un saladier, incorporez la crème fraîche et remuez au fouet pour que le mélange soit homogène. Assaisonnez de sel, poivre et noix de muscade.

❒ Préchauffez le four à 210 °C (th. 7).

❒ Dans un plat allant au four, mettez les courgettes égouttées, écrasez-les encore sans les réduire en bouillie, éliminez l'eau en excès, et ajoutez le contenu du saladier. Mélangez bien à la fourchette en soulevant les courgettes de façon qu'elles n'attachent pas au fond du plat. Redonnez quelques tours de poivre du moulin.

❒ Parsemez la préparation d'emmental râpé et enfournez. Laissez cuire 30 minutes. En fin de cuisson, si vous estimez que le gratin n'est pas assez doré, passez-le 5 minutes sous le gril du four en surveillant bien pour éviter qu'il brûle.

CASSOLETTES DE POTIMARRON À LA POLENTA

POUR 6 PERSONNES • PRÉPARATION : 20 MIN • CUISSON : 25 MIN MINIMUM

600 g de chair de potimarron + 150 g de polenta fine précuite + 50 cl de lait
50 g de comté + 30 g de Maïzena® + ½ cuil. à café de muscade moulue + 1 cuil. à café de cannelle moulue + Beurre pour les moules + Sel, poivre

❒ Pelez, égrenez et râpez le potimarron à la grosse grille.

❒ Faites cuire à la vapeur le potimarron râpé pendant 5 minutes. Dans une casserole, portez 50 cl d'eau à ébullition avec 1 cuillerée à café de sel. Versez en pluie la polenta, baissez le feu au minimum et faites cuire comme indiqué sur le paquet.

❒ Pendant ce temps, préparez la sauce blanche. Dans une casserole, délayez la Maïzena® avec le lait. Portez le mélange à ébullition en remuant constamment. Assaisonnez avec les épices et quelques tours de moulin à poivre.

❒ Mélangez le potimarron cuit, la polenta et la sauce blanche, et versez dans de petits moules à gratin beurrés. Saupoudrez de comté râpé.

❒ Préchauffez le four à 180 °C (th. 6) et enfournez les gratins pour 20 minutes. Servez les cassolettes dès la sortie du four.

GRATIN DE CROZETS AUX POIREAUX

POUR 6 PERSONNES • PRÉPARATION : 25 MIN • CUISSON : 40 MIN

400 g de crozets + 4 poireaux + 150 g de beaufort + 30 cl de crème entière liquide
2 échalotes + 40 g de beurre + 1,5 cuil. à soupe de gros sel + Sel, poivre

❒ Pelez et ciselez les échalotes. Retirez la base et la partie la plus verte des poireaux, coupez-les en deux dans la longueur et lavez-les sous l'eau froide. Émincez-les finement. Râpez le beaufort.

❒ Dans une cocotte, faites fondre le beurre, ajoutez les échalotes et faites-les revenir 2 minutes à feu moyen. Ajoutez les poireaux, salez et poivrez selon votre goût. Poursuivez la cuisson à feu doux et à couvert pendant une vingtaine de minutes, en remuant régulièrement.

❒ Pendant ce temps, portez une grande casserole d'eau à ébullition. Ajoutez le gros sel, versez les crozets et laissez cuire 15 minutes. Égouttez.

❒ Préchauffez le four à 200 °C (th. 6-7). Versez les crozets dans un plat à gratin, arrosez-les de crème, ajoutez la fondue de poireaux et remuez. Répartissez dessus le beaufort râpé. Enfournez pour 20 minutes.

❒ Servez dès la sortie du four dans le plat de cuisson.

GRATIN DE CÉLERI-RAVE ET CRUMBLE

POUR 6 PERSONNES • PRÉPARATION : 25 MIN • CUISSON : 40 MIN

500 g de céleri-rave + 500 g de pommes de terre + 125 g de farine 5 céréales ou farine de blé T80 + 75 g de flocons 5 céréales + 50 g de noisettes + 125 g de beurre + 100 g de parmesan + 20 cl de crème de soja + ½ cuil. à café de sel + 8 tours de moulin à poivre

❒ Pelez et râpez à la grosse grille le céleri-rave et les pommes de terre. Concassez les noisettes. Coupez le beurre en petits morceaux. Râpez le parmesan.

❒ Faites cuire 10 minutes à la vapeur les légumes râpés. Pendant ce temps, préparez le crumble. Dans un récipient, versez la farine, les flocons de céréales, les noisettes concassées et le parmesan râpé. Ajoutez le beurre et malaxez du bout des doigts jusqu'à obtenir une pâte sablonneuse, au besoin ajoutez 1 ou 2 cuillerées à soupe d'eau.

❒ Dans un saladier, versez les légumes cuits, la crème de soja, salez et poivrez. Mélangez. Versez la préparation dans un moule à gratin et recouvrez de la pâte à crumble.

❒ Préchauffez le four à 180 °C (th. 6) et enfournez le gratin pour 30 minutes. Servez dès la sortie du four dans le plat de cuisson.

VEGGIE BURGER

POUR 4 PERSONNES • PRÉPARATION : 30 MIN • CUISSON : 23 MIN

4 pains à hamburger + 4 tranches d'emmental + 2 oignons + 1 cuil. à soupe d'huile d'olive
Quelques feuilles de salade (laitue, mesclun...)

Pour les steaks végétaux : 250 g de tofu ferme + 120 g de flocons d'avoine + 2 gousses d'ail
2 échalotes + 1 cuil. à soupe de farine + 1,5 cuil. à soupe d'herbes séchées (thym, herbes de Provence...) + 2 cuil. à soupe d'huile d'olive + 1 cuil. à soupe de sauce soja + Poivre

Pour la sauce crémeuse : 2 cuil. à soupe de crème fraîche + 2 cuil. à soupe de mayonnaise
1 cuil. à café de moutarde + Sel, poivre

❒ Préparez les steaks végétaux : pelez et dégermez les gousses d'ail. Pelez les échalotes. Hachez ensemble ail et échalotes. Rincez le bloc de tofu à l'eau claire. Dans un saladier, émiettez-le. Ajoutez les flocons d'avoine et la farine, les herbes et 4 tours de moulin à poivre, l'huile d'olive, la sauce soja et 5 cl d'eau. Mélangez. À l'aide d'un cercle à pâtisserie de 10 cm de diamètre, formez 4 steaks et déposez-les sur une plaque de cuisson huilée.

❒ Préparez la sauce crémeuse en mélangeant la mayonnaise avec la crème fraîche et la moutarde. Salez et poivrez selon votre goût.

❒ Préchauffez le four à 180 °C (th. 6) et enfournez les steaks végétaux pour 20 minutes. Deux minutes avant la fin de la cuisson, déposez 1 tranche d'emmental sur chaque steak le temps qu'elle fonde. Pendant ce temps, dans une poêle, faites revenir les oignons pelés et coupés en rondelles avec l'huile.

❒ Coupez les pains en deux et faites-les chauffer au four 3 minutes. Montez les burgers : sur le pain du dessous, étalez la sauce, disposez des feuilles de salade, placez un steak, recouvrez d'oignons poêlés et refermez le burger avec le pain du dessus garni d'un tout petit peu de sauce.

❒ Servez aussitôt avec des chips de betterave, de panais et de carotte ou du coleslaw.

STEAK VÉGÉTAL, SAUCE CHIMICHURRI

POUR 4 PERSONNES • PRÉPARATION : 15 MIN • CUISSON : 35 MIN

Pour les steaks végétaux : 200 g de quinoa rouge + 300 à 350 g de betterave crue
1 oignon + 10 noix de Grenoble + 1 œuf + 2 cuil. à soupe d'huile d'olive + 1 cuil. à café de cumin en poudre + ¼ de cuil. à café de piment d'Espelette + 1 cuil. à café de sel marin

Pour la sauce chimichurri : 10 cl d'huile d'olive + 1 bouquet de persil plat + ½ oignon
2 gousses d'ail + 2 cuil. à soupe de vinaigre de vin + 1 cuil. à café de fleur de sel
10 tours de moulin à poivre

❒ Rincez abondamment les graines de quinoa à l'eau froide. Dans une casserole, versez le quinoa et ajoutez 45 cl d'eau. Portez à ébullition, puis couvrez et faites cuire 15 minutes à feu doux. Retirez du feu et laissez gonfler à couvert les graines de quinoa 5 minutes.

❒ Préchauffez le four à 180 °C (th. 6).

❒ Pelez et râpez finement la betterave. Pelez et hachez l'oignon. Décoquillez les noix et coupez les cerneaux en petits morceaux. Battez l'œuf en omelette. Dans un saladier, versez tous les ingrédients et mélangez bien pour les amalgamer.

❒ Sur une plaque de cuisson recouverte de papier sulfurisé, façonnez 6 steaks (pour vous aider, vous pouvez les mouler dans un moule à tartelette que vous retournerez sur la plaque ou utiliser un cercle à pâtisserie). Enfournez pour 20 minutes.

❒ Pendant ce temps, préparez la sauce chimichurri. Rincez et effeuillez le persil. Pelez l'oignon et les gousses d'ail. Dans le bol d'un mini-hachoir, placez le persil, l'ail et l'oignon et mixez. Versez dans un bol, ajoutez l'huile et le vinaigre, le sel et le poivre et mélangez bien.

❒ Servez les steaks bien chauds accompagnés de sauce chimichurri et d'une salade fraîcheur de saison.

GALETTE DE FLOCONS MAXI FORMAT, SAUCE BLANCHE

POUR 6 PERSONNES • PRÉPARATION : 20 MIN • CUISSON : 20 MIN

Pour les galettes : 220 g de flocons 5 céréales + 80 g de flocons de pois cassés
350 g de carottes (ou courgettes) + 80 g de noix de cajou + 3 œufs + 2 gousses d'ail
2 petits oignons + 3 cuil. à soupe de farine de blé T65 à T110 + 3 cuil. à soupe d'huile d'olive + un peu pour le moule + 1 ½ cuil. à café de cumin en poudre + 1 ½ cuil. à café de sel marin + Poivre du moulin

Pour la sauce blanche : 150 g de yaourt grec + 1 cuil. à soupe de vinaigre de cidre
1 cuil. à soupe d'huile d'olive + ½ bouquet de ciboulette

❒ Préchauffez le four à 180 °C (th. 6).

❒ Pelez et râpez les carottes. Pelez et dégermez les gousses d'ail. Pelez les oignons. Hachez ensemble l'ail et les oignons. Hachez grossièrement au couteau les noix de cajou. Battez les œufs en omelette.

❒ Dans un saladier, versez les flocons 5 céréales, les flocons de pois cassés, la farine, les noix de cajou, le cumin, le sel et quelques tours de moulin à poivre. Mélangez. Ajoutez les carottes râpées, l'ail et l'oignon hachés, les œufs et l'huile, et amalgamez le tout en remuant bien.

❒ Huilez une plaque de cuisson. Dressez une grande galette à l'aide d'un emporte-pièce de 22 cm de diamètre et tassez. Enfournez pour 20 minutes.

❒ Pendant ce temps, préparez la sauce blanche. Rincez et ciselez la ciboulette. Mélangez tous les ingrédients. Au besoin, détendez avec un peu d'eau pour avoir une sauce bien crémeuse.

❒ À la sortie du four, servez la galette coupée en parts et accompagnez-la de sauce blanche.

GALETTES AUX SPAGHETTIS DE LÉGUMES

POUR 4 PERSONNES • PRÉPARATION : 25 MIN • CUISSON : 20 MIN • REPOS : 1 H

Pour les galettes : 150 g de farine de sarrasin + 5 œufs + 50 g de noisettes (ou d'amandes)
1 cuil. à soupe d'huile de sésame + Huile pour la poêle + Sel marin

Pour les spaghettis de légumes : 2 carottes + 1 courgette

Pour la sauce : 3 cuil. à soupe d'huile d'olive + 1 cuil. à soupe de vinaigre balsamique
Le jus de ½ citron + 1 à 2 cuil. à café de harissa

❐ Dans un saladier, mélangez la farine et une pincée de sel. Formez un puits et versez 12,5 cl d'eau petit à petit tout en fouettant. Ajoutez 1 œuf battu en omelette et délayez avec 12,5 cl d'eau. Laissez reposer au moins 1 heure. Pendant ce temps, lavez les carottes et la courgette. À l'aide d'un éplucheur à julienne, réalisez les spaghettis. Portez à ébullition une casserole d'eau et faites cuire 30 secondes les spaghettis. Égouttez et réservez.

❐ Concassez les noisettes. Dans une poêle chaude, torréfiez-les quelques secondes sans cesser de remuer. Préparez la sauce en mélangeant tous les ingrédients. Dans un petit saladier, battez les 4 œufs restants avec 2 cuillerées à soupe d'eau et l'huile de sésame.

❐ Faites chauffer à feu vif une poêle à crêpes légèrement graissée. Versez une louche de pâte au sarrasin. Laissez cuire jusqu'à ce que la crêpe se détache facilement, faites-la glisser sur une assiette et maintenez-la au chaud. Renouvelez l'opération avec le reste de pâte. Au moment de manger, dans la poêle chaude, placez une crêpe et versez un quart du mélange aux œufs. Laissez cuire le temps que l'œuf prenne. Garnissez rapidement de spaghettis de légumes et de noisettes torréfiées. Servez avec la sauce à la harissa.

GALETTES DE COURGETTES AU CURRY

POUR 3 À 6 PERSONNES • PRÉPARATION : 10 MIN • CUISSON : 8 À 10 MIN PAR CRÊPE

240 g de tofu soyeux + 2 petites courgettes (280 g)
2 cuil. à café de curry + 1 pincée de poivre noir + 1 cuil. à café de sel
50 g de farine de pois chiches + 50 g de farine de blé T80 + 2 cuil. à soupe d'huile d'olive

❒ Égouttez le tofu soyeux et versez-le dans un saladier. Lavez les courgettes et râpez-les. Mélangez-les au tofu soyeux.

❒ Incorporez les épices, le sel et le poivre ainsi que les farines.

❒ Faites chauffer l'huile dans une grande poêle, à feu moyen. Répartissez la préparation en 6 galettes (soit 2 belles cuillerées à soupe par crêpe), de la taille de pancakes.

❒ Faites-les cuire 4 à 5 minutes de chaque côté. Déposez les crêpes sur une feuille de papier essuie-tout avant de servir.

GALETTES FARCIES

POUR 4 PERSONNES • PRÉPARATION : 20 MIN • RÉFRIGÉRATION : 30 MIN
CUISSON : 35 MIN

1 kg de pommes de terre + 6 champignons de Paris + 3 cuil. à soupe d'huile + 1 cuil. à café de thym + ¼ de cuil. à café de sel + un peu pour la cuisson + ⅛ de cuil. à café de poivre

❒ Épluchez les pommes de terre. Portez à ébullition une grande casserole d'eau salée et plongez-y les pommes de terre. Laissez-les cuire 20 minutes, jusqu'à ce qu'une lame de couteau rentre sans forcer. Égouttez, puis écrasez les pommes de terre. Salez et poivrez. Réservez. Épluchez et émincez très finement les champignons. Chauffez 1 cuillerée à soupe d'huile dans une poêle sur feu moyen et faites-y revenir les champignons avec le thym pendant 5 minutes. Divisez la purée en 12 parts égales et aplatissez-en une au creux de la main. Garnissez avec 1 cuillerée à café bombée de champignons, puis refermez la galette en ramenant les bords de la purée de pommes de terre au centre. Procédez ainsi jusqu'à ce que toutes les galettes soient faites. Laissez-les reposer au réfrigérateur pendant 30 minutes.

❒ Chauffez 2 cuillerées à soupe d'huile dans une poêle sur feu moyen et faites-y cuire les galettes 4 minutes de chaque côté. Elles doivent être bien dorées et croustillantes. Procédez en plusieurs fournées si nécessaire. Servez avec une salade verte.

GALETTES DE RIZ ET ROQUETTE

POUR 4 PERSONNES • PRÉPARATION : 10 MIN • CUISSON : 10 MIN

Pour les galettes : 150 g de riz + 1 oignon rouge ciselé + 2 cuil. à soupe de gruyère râpé + 2 œufs 1 cuil. à soupe de farine + 2 cuil. à soupe de son d'avoine + 1 cuil. à soupe d'huile d'olive

Pour l'accompagnement : 150 g de haricots verts en conserve + 80 g de roquette + 4 cuil. à soupe de mélange de fruits à coque et fruits secs + 1 échalote + 1 bocal de pickles de carotte

Pour l'assaisonnement : 1 filet d'huile d'olive + Sel, poivre

❒ Préparez les galettes. Portez à ébullition une casserole d'eau salée et faites cuire le riz en suivant les indications figurant sur l'emballage. Égouttez-le. Versez-le dans un blender avec l'oignon, le gruyère, les œufs, la farine, le son d'avoine et l'huile d'olive, puis mixez.

❒ Formez les galettes avec un emporte-pièce (ou un verre) et faites-les poêler 2 minutes de chaque côté, sur feu moyen.

❒ Pelez et hachez l'échalote. Répartissez les galettes dans les bols, puis disposez les pickles, les haricots verts, les feuilles de roquette, l'échalote et le mélange de fruits à coque et fruits secs. Arrosez chaque bol d'un filet d'huile d'olive. Salez et poivrez.

GALETTES D'ÉPINARDS, RADIS ET GRENADE

POUR 4 PERSONNES • PRÉPARATION : 10 MIN • CUISSON : 15 MIN

Pour les galettes : 150 g de jeunes pousses d'épinards + 1 oignon rouge ciselé + 2 cuil. à soupe de gruyère râpé + 2 œufs + 1 cuil. à soupe de farine + 2 cuil. à soupe de son d'avoine 1 cuil. à soupe d'huile d'olive

Pour l'accompagnement : 1 botte d'asperges vertes + 1 botte d'aneth + 1 radis blanc + 1 grenade

Pour la vinaigrette : 4 cuil. à soupe d'huile de noix + 1 cuil. à soupe de vinaigre de vin Sel, poivre

❐ Préparez les galettes. Dans un blender, mettez les jeunes pousses d'épinards, l'oignon rouge, le gruyère, les œufs, la farine, le son d'avoine et l'huile d'olive, puis mixez. Formez les galettes avec un emporte-pièce (ou un verre) et faites-les poêler 2 minutes de chaque côté, sur feu moyen. Portez une casserole d'eau salée à ébullition et faites cuire les asperges 10 minutes.

❐ Émincez le radis à la mandoline. Coupez la grenade en deux et détachez les grains.

❐ Répartissez les galettes dans les bols, disposez les asperges, les feuilles d'aneth, le radis et les arilles de grenade.

❐ Mélangez tous les ingrédients de la vinaigrette et versez-la sur les bols.

GALETTES DE HARICOTS ROUGES, ÉPINARDS ET CHAMPIGNONS

POUR 4 PERSONNES • PRÉPARATION : 10 MIN • CUISSON : 5 MIN

Pour les galettes : 250 g de haricots rouges en conserve + 1 oignon rouge ciselé
2 cuil. à soupe de gruyère râpé + 2 œufs + 1 cuil. à soupe de farine
2 cuil. à soupe de son d'avoine + 1 cuil. à soupe d'huile d'olive

Pour l'accompagnement : 50 g de champignons + 125 g de jeunes pousses d'épinards
¼ de botte d'aneth

Pour la vinaigrette : 4 cuil. à soupe d'huile de tournesol + 2 cuil. à soupe de vinaigre de vin
Sel, poivre

❒ Préparez les galettes. Dans un blender, mettez les haricots rouges égouttés, l'oignon rouge, le gruyère, les œufs, la farine, le son d'avoine et l'huile d'olive, puis mixez.

❒ Formez les galettes avec un emporte-pièce (ou un verre) et faites-les poêler 2 minutes de chaque côté, sur feu moyen.

❒ Émincez les champignons à la mandoline (ou au couteau).

❒ Répartissez les galettes dans les bols, disposez les champignons, les jeunes pousses d'épinards, quelques feuilles d'aneth.

❒ Mélangez tous les ingrédients de la vinaigrette et versez-la dans les bols.

Vous pouvez remplacer l'aneth par de la ciboulette ciselée.

GALETTES DE TOFU AUX POIS CHICHES, SAUCE TERIYAKI

POUR 4 PERSONNES • PRÉPARATION : 30 MIN • CUISSON : 25 MIN

Pour les galettes : 400 g de pois chiches + 200 g de tofu ferme + 40 g de farine de pois chiches + 2 gousses d'ail écrasées + 2 oignons verts + 3 cuil. à soupe d'huile + 2 cuil. à café de gingembre frais râpé + 2 cuil. à soupe de sauce soja

Pour la sauce teriyaki : 16 cl de sauce soja + 16 cl de vin doux + 1 cuil. à café de gingembre frais râpé + 1 cuil. à soupe de sucre + 1 cuil. à soupe de Maïzena®

Pour la garniture : 300 g de riz cuit + 1 feuille de nori + 2 cuil. à soupe de feuilles de coriandre

❐ Préparez la sauce teriyaki : dans une petite casserole, faites chauffer la sauce soja, le gingembre râpé, le vin doux, le sucre et la Maïzena®, sur feu doux jusqu'à ce que la sauce épaississe. Réservez.

❐ Râpez grossièrement le tofu. Dans le bol d'un robot mixeur, placez les pois chiches, le tofu râpé, la sauce soja, la farine de pois chiches, le gingembre râpé, l'ail écrasé et les oignons verts. Mixez jusqu'à l'obtention d'une pâte homogène.

❐ Formez 12 galettes avec les mains humides. Chauffez l'huile dans une large poêle sur feu moyen et faites-y dorer les galettes 6 minutes de chaque côté. En fin de cuisson, versez dessus la sauce teriyaki et laissez cuire 1 minute.

❐ Coupez la feuille de nori en fines lamelles. Servez les galettes chaudes ou froides avec le riz, parsemées de nori et de feuilles de coriandre.

GALETTES DE BETTERAVE À L'AVOINE ET ROQUETTE

POUR 4 PERSONNES • PRÉPARATION : 20 MIN • REPOS : 15 MIN • CUISSON : 20 MIN

Pour les galettes : 250 g de betteraves + 1 oignon rouge + 75 g de noisettes + 2 œufs bio
200 g de flocons d'avoine + 2 cuil. à soupe de farine de blé T65 + 2 cuil. à soupe d'huile d'olive + un peu pour la cuisson
2 cuil. à soupe de tamari + 1 cuil. à café de graines de sésame noir + ¼ de cuil. à café de piment d'Espelette

Pour la salade : 2 poignées de roquette + ¼ de chou rouge + 1 avocat + 1 échalote
2 cuil. à soupe d'huile d'olive + 1 cuil. à soupe de vinaigre de cidre + Quelques gouttes de jus de citron + Sel, poivre

❒ Pelez et râpez les betteraves. Pelez et ciselez finement l'oignon. Hachez grossièrement au couteau les noisettes. Battez les œufs en omelette.

❒ Dans un saladier, mélangez les flocons d'avoine, la farine, les noisettes et le piment d'Espelette. Ajoutez la betterave râpée, l'oignon ciselé, les œufs, l'huile et le tamari et amalgamez en remuant bien. Laissez gonfler 15 minutes.

❒ Préchauffez le four à 180 °C (th. 6). Humidifiez vos mains et façonnez 16 boules que vous aplatirez entre vos paumes pour former les galettes. Déposez-les au fur et à mesure sur une plaque de cuisson huilée. Enfournez pour 20 minutes en retournant à mi-cuisson.

❒ Pendant ce temps, rincez et séchez la roquette. Émincez finement le chou rouge. Coupez l'avocat en deux, retirez le noyau et coupez la chair en fines lamelles que vous citronnerez. Pelez et ciselez l'échalote. Préparez la vinaigrette en mélangeant le vinaigre de cidre, l'échalote ciselée, l'huile, du sel et du poivre.

❒ Dans chaque assiette, répartissez la roquette, le chou émincé et les lamelles d'avocat. Arrosez de vinaigrette et saupoudrez de graines de sésame. Servez avec les galettes bien chaudes.

GALETTE DE POLENTA À LA COURGETTE, PETITS POIS, FETA ET MENTHE

POUR 4 À 6 PERSONNES • PRÉPARATION : 10 MIN • CUISSON : 10 MIN

Pour les galettes : 190 g de polenta + 120 ml de lait d'amande + 65 g de farine
1 cuil. à café de bicarbonate de soude + 20 g de parmesan râpé + quelques copeaux pour la garniture + 1 pincée de piment d'Espelette + un peu pour la garniture
1 cuil. à soupe d'huile de coco + Sel

Pour la garniture : 1 courgette + 80 g de feta émiettée + 60 g de petits pois cuits
Quelques brins de menthe fraîche + Huile d'olive + Sel, poivre

❒ Dans un saladier, versez la polenta, le lait, la farine, du sel, le bicarbonate de soude, le parmesan et le piment d'Espelette, puis mélangez bien.

❒ Faites fondre l'huile de coco dans une poêle et versez-y le mélange, faites cuire cette galette 5 minutes environ de chaque côté. Taillez la courgette en rubans à l'aide d'un économe. Arrangez délicatement les rubans de courgette, la feta émiettée et les petits pois sur la galette. Garnissez de feuilles de menthe, de piment d'Espelette et de copeaux de parmesan. Arrosez d'huile, parsemez de parmesan et poivrez.

GALETTES DE QUINOA BLANC, CHOU ET RADIS

POUR 4 PERSONNES • PRÉPARATION : 10 MIN • CUISSON : 20 MIN

Pour les galettes : 250 g de quinoa blanc + 1 oignon rouge + 2 cuil. à soupe de gruyère râpé
2 œufs + 1 cuil. à soupe de farine + 2 cuil. à soupe de son d'avoine
1 cuil. à soupe d'huile d'olive

Pour l'accompagnement : 2 radis roses + ½ concombre + ¼ de botte de cerfeuil
1 cuil. à soupe de graines de fenouil + 1 bocal de pickles de chou rouge

Pour l'assaisonnement : 1 filet d'huile d'olive par bol + Sel, poivre

❒ Préparez les galettes. Portez à ébullition une casserole d'eau salée et faites cuire le quinoa blanc selon les indications figurant sur l'emballage. Égouttez-le.

❒ Versez dans un blender le quinoa, l'oignon ciselé, le gruyère râpé, les œufs, la farine, le son d'avoine et l'huile d'olive, puis mixez. Formez les galettes avec un emporte-pièce et faites-les poêler 2 minutes de chaque côté, sur feu moyen. Émincez les radis à la mandoline. Détaillez le concombre en rondelles fines.

❒ Répartissez les galettes dans les bols et disposez les radis, le concombre, les pickles de chou et le cerfeuil effeuillé. Parsemez les graines de fenouil. Versez l'huile d'olive sur chaque bol. Salez et poivrez les légumes.

GALETTES DE FLOCONS DE CÉRÉALES, SAUCE AU YAOURT

POUR 4 PERSONNES • PRÉPARATION : 20 MIN • CUISSON : 10 MIN

Pour les galettes : 200 g de légumes (carottes, courgettes, betteraves, panais...)
140 g de flocons de céréales + 60 g de flocons de légumineuses + 1 gousse d'ail + 2 oignons
2 œufs + 2 cuil. à soupe de graines (tournesol, pavot...) + 1 cuil. à café de curry
en poudre + 4 cuil. à soupe d'huile d'olive + Sel, poivre

Pour la sauce au yaourt : 1 yaourt + 1 cuil. à soupe de purée de sésame
½ bouquet de ciboulette + ½ citron jaune

❒ Dans un saladier, versez les flocons de céréales et de légumineuses, les graines, le curry, 2 cuillerées à soupe d'huile d'olive, les œufs battus en omelette et 5 cl d'eau tiède. Salez et poivrez, mélangez bien et laissez gonfler quelques minutes.

❒ Pendant ce temps, préparez la sauce. Pressez le citron, puis mélangez le yaourt, la purée de sésame, le jus de citron et la ciboulette ciselée.

❒ Pelez et dégermez la gousse d'ail. Pelez les oignons. Hachez ensemble ail et oignon. Mélangez-les aux légumes râpés et hachés et aux légumineuses. Façonnez ensuite 16 boules que vous aplatirez entre les paumes de vos mains pour former les galettes.

❒ Dans une poêle, chauffez l'huile restante et faites revenir à feu moyen les galettes, 3 à 4 minutes sur chaque face. Servez ces galettes aussitôt accompagnées de sauce au yaourt. Pour les compléter, rien de mieux qu'un petit saladier de jeunes pousses ou un bol de soupe de légumes !

PAILLASSON DE COURGE, ŒUF MOLLET ET SALADE

POUR 4 PERSONNES • PRÉPARATION : 20 MIN • CUISSON : 30-40 MIN

500 g de courge (butternut, potimarron, potiron, musquée de Provence...)
300 g de pommes de terre + 6 œufs bio ou de plein air + 30 g de farine de blé T65
2 gousses d'ail + 1 cuil. à soupe d'un mélange de graines (chanvre, courge, pavot, sésame, tournesol) + Huile d'olive + ½ cuil. à café de romarin séché + ½ cuil. à café de sel marin
6 tours de moulin à poivre

Pour la salade : 125 g de mâche + 3 cuil. à soupe d'huile vierge de sésame toasté + 1 cuil. à soupe de vinaigre de vin + Fleur de sel, poivre

❒ Lavez soigneusement les feuilles de mâche et séchez-les. Préparez la vinaigrette en mélangeant tous les ingrédients dans un petit bol.

❒ Lavez la courge, retirez les graines, pelez-la et râpez-la. Épluchez et râpez les pommes de terre. Pelez, dégermez et hachez les gousses d'ail. Hachez très finement le romarin.

❒ Dans un saladier, mélangez les légumes râpés et l'ail. Ajoutez la farine et le romarin haché. Salez, poivrez et mélangez. Incorporez enfin 2 œufs battus en omelette et mélangez de nouveau.

❒ Dans une poêle, faites chauffer un filet d'huile d'olive. Déposez de petites cuillerées de préparation à la courge et faites dorer 10 à 15 minutes à feu moyen en retournant régulièrement. Continuez jusqu'à épuisement des ingrédients. Réservez les paillassons dans le four préchauffé à 60 °C (th. 2).

❒ Portez une casserole d'eau à ébullition. Déposez-y délicatement les œufs restants et faites-les cuire 5 minutes. Rafraîchissez-les sous l'eau froide, puis écalez-les.

❒ Dans 4 assiettes, répartissez les paillassons de courge, disposez la salade et arrosez-la de vinaigrette. Déposez les œufs mollets et servez parsemé de petites graines.

GÂTEAU DE POMME DE TERRE AUX HERBES FRAÎCHES

POUR 6 PERSONNES • PRÉPARATION : 30 MIN • CUISSON : 1 H

1 kg de pommes de terre + 75 g de fromage à pâte pressée cuite (emmental, comté, gruyère...) + 15 g d'herbes fraîches (ciboulette, persil, cerfeuil, basilic...) + 1 échalote
3 œufs + 15 cl de lait + 90 g de farine de blé T65 (ou T80) + 3 cuil. à soupe d'huile d'olive
1 cuil. à café de sel marin + 8 tours de moulin à poivre

❐ Râpez le fromage. Lavez, effeuillez et ciselez les herbes. Pelez et ciselez l'échalote.

❐ Dans un grand saladier, fouettez les œufs avec l'huile d'olive. Ajoutez la farine, les herbes ciselées et l'échalote, le sel et le poivre. Mélangez jusqu'à l'obtention d'une pâte homogène. Délayez avec le lait petit à petit pour obtenir une pâte sans grumeaux. Ajoutez 50 g de fromage râpé et remuez de nouveau.

❐ Préchauffez le four à 190 °C (th. 6-7). Épluchez les pommes de terre. À l'aide d'une mandoline ou d'un couteau bien aiguisé, tranchez les pommes de terre en rondelles de 2 mm d'épaisseur. Déposez-les au fur et à mesure dans la pâte et remuez délicatement : les rondelles s'enrobent de pâte.

❐ Chemisez un moule rond de papier sulfurisé. Versez les lamelles de pomme de terre dans le moule, tassez et lissez avec le dos d'une cuillère. Saupoudrez avec le reste de fromage râpé et enfournez pour 1 heure. Vérifiez la cuisson avec la pointe d'un couteau : si elle s'enfonce facilement, les pommes de terre sont assez tendres.

❐ Dégustez le gâteau tiède ou faites-le refroidir à température ambiante avant de le démouler, puis conservez-le au frais jusqu'à la dégustation.

GÂTEAU DE LÉGUMES ANCIENS À L'OSSAU-IRATY

POUR 6 PERSONNES • PRÉPARATION : 30 MIN • CUISSON : 1 H

400 g de topinambours + 200 g de panais + 300 g de rutabagas + 120 g d'ossau-iraty
2 échalotes + 3 œufs + 90 g de farine d'avoine complète + 15 cl de lait + 5 cl d'huile d'olive
¼ de cuil. à café de noix de muscade moulue + 1 cuil. à café de sel marin
6 tours de moulin à poivre

❐ Pelez et ciselez les échalotes. Râpez l'ossau-iraty avec la râpe à gros trous.

❐ Dans un grand saladier, fouettez les œufs avec l'huile d'olive. Ajoutez la farine, la noix de muscade, le sel et le poivre. Mélangez jusqu'à l'obtention d'une pâte homogène. Délayez avec le lait petit à petit pour obtenir une pâte sans grumeaux. Ajoutez les échalotes ciselées et le fromage râpé et remuez de nouveau.

❐ Préchauffez le four à 190 °C (th. 6-7). Pelez les topinambours, les panais et les rutabagas. À l'aide d'une mandoline ou d'un couteau bien aiguisé, tranchez les légumes en rondelles de 2 mm d'épaisseur. Déposez-les au fur et à mesure dans la pâte en remuant délicatement : les rondelles s'enrobent de pâte.

❐ Chemisez un moule rond de papier sulfurisé. Versez les rondelles de légumes dans le moule, tassez et lissez avec le dos d'une cuillère. Enfournez pour 1 heure. Vérifiez la cuisson avec la pointe d'un couteau : si elle s'enfonce facilement, les légumes sont assez tendres.

❐ Dégustez le gâteau tiède ou faites-le refroidir à température ambiante avant de le démouler, puis conservez-le au frais jusqu'au moment de servir.

GÂTEAU COURGETTE-FETA

POUR 6 PERSONNES • PRÉPARATION : 15 MIN • CUISSON : 40 MIN

1 courgette + 150 g de feta + 1 yaourt de brebis + 3 œufs + 250 g de farine de blé T65 ou T110 + 5 cuil. à soupe d'huile d'olive + un peu pour le moule
2 cuil. à café de poudre à lever + 1,5 cuil. à soupe de graines de sésame + un peu pour le décor + 1 cuil. à soupe d'origan (ou thym) : + Sel, poivre

❐ Lavez la courgette et détaillez-la en petits cubes. Sur une assiette, émiettez la feta. Dans une grande poêle, chauffez 2 cuillerées à soupe d'huile d'olive et faites sauter les dés de courgette jusqu'à ce qu'ils soient tendres.

❐ Dans un saladier, mélangez le yaourt, les œufs et le reste d'huile. Ajoutez la farine, la poudre à lever, l'origan, le sésame, la feta émiettée, ½ cuillerée à café de sel et 6 tours de moulin à poivre. Mélangez à nouveau jusqu'à obtenir une pâte homogène. Versez dans un moule à manqué préalablement huilé. Déposez sur le dessus les cubes de courgette poêlés et enfoncez-les juste un peu dans la pâte.

❐ Préchauffez le four à 180 °C (th. 6). Enfournez le gâteau pour 35 minutes environ. Surveillez la fin de la cuisson en le piquant avec la lame d'un couteau : elle doit ressortir sèche.

❐ Au moment de servir, saupoudrez le gâteau de graines de sésame et accompagnez-le de roquette.

CAKE À LA PATATE DOUCE ET AU ROMARIN

POUR 6 PERSONNES • PRÉPARATION : 15 MIN • CUISSON : 1 H 20

1 patate douce de 500 g + 200 g de farine + ½ sachet de levure chimique
12 cl de crème liquide + 1 œuf + 50 g de beurre demi-sel + un peu pour le moule
2 branches de romarin frais + 1 branche pour la décoration
2 cuil. à soupe de graines de courge + ½ cuil. à café de curcuma + Sel, poivre

- Préchauffez le four à 180 °C (th. 6).
- Lavez et pelez la patate douce, puis faites-la cuire dans une casserole d'eau bouillante avec 1 branche de romarin pendant 20 minutes (la chair doit être tendre).
- Écrasez à la fourchette la pulpe de patate douce avec le beurre, puis ajoutez l'œuf, le curcuma, la crème, la farine, la levure et les graines de courge.
- Mélangez et incorporez la branche restante de romarin lavée et effeuillée. Salez et poivrez.
- Beurrez un moule à cake et versez-y la préparation. Enfournez pour 1 heure, puis laissez refroidir avant de démouler.

Au moment de servir, décorez le cake avec le romarin frais restant.

CAKE AUX POIREAUX, AU GORGONZOLA ET AUX GRAINES

POUR 6 PERSONNES • PRÉPARATION : 15 MIN • CUISSON : 55 MIN

150 g de blancs de poireau + 100 g de gorgonzola + 100 g de farine de riz + 100 g de fécule de pomme de terre + 1 sachet de levure chimique + 10 cl de crème de riz + 3 œufs
50 g de beurre fondu + un peu pour la poêle et le moule + 1 poignée de graines de courge
Sel, poivre

❒ Préchauffez le four à 180 °C (th. 6). Lavez et coupez les blancs de poireau en lamelles. Faites-les revenir dans une poêle avec 1 noisette de beurre pendant 10 minutes.

❒ Mélangez dans un saladier les œufs, la crème de riz, la farine, la fécule, la levure et le beurre fondu. Ajoutez ensuite les poireaux, le gorgonzola coupé en morceaux et les graines de courge.

❒ Beurrez un moule à cake et versez-y la préparation. Salez et poivrez. Enfournez pour 45 minutes, puis laissez refroidir avant de démouler.

FLANS AUX HERBES

POUR 4 PERSONNES • PRÉPARATION : 15 MIN • CUISSON : 15 À 20 MIN

1 botte d'herbes assez fines, cerfeuil, coriandre ou aneth + 1 gousse d'ail épluchée et dégermée (facultatif) + 3 œufs + 20 cl de lait + 2 cuil. à café de crème fleurette 1 cuil. à café de curcuma + Sel, poivre

❐ Préchauffez le four à 180 °C (th. 6). Lavez les herbes et séparez les feuilles des branches. Mettez tous les ingrédients (feuilles, œufs, lait, crème, ail, curcuma, sel et poivre) dans le bol d'un robot. Mixez et versez ce mélange dans des moules ou des ramequins.

❐ Mettez au four pour 15 à 20 minutes. Ils doivent trembloter et ne pas être secs.

Ces flans peuvent aussi se faire cuire à la vapeur. Couvrez-les pour éviter que l'eau de ruissellement ne les mouille. Comptez 12 minutes environ.

CLAFOUTIS AUX TOMATES CERISES, OLIVES ET PARMESAN

POUR 4 À 6 PERSONNES • PRÉPARATION : 30 MIN • CUISSON : 35 À 40 MIN

500 g de tomates cerises + 3 œufs + 20 cl de lait + 20 cl de crème liquide entière
80 g de ricotta + 100 g de parmesan fraîchement râpé + 80 g d'olives noires
2 cuil. à soupe de Maïzena® + 2 cuil. à soupe d'huile d'olive + un peu pour le moule
1 cuil. à soupe environ de feuilles de basilic ciselées + Sel, poivre

❒ Préchauffez le four à 180 °C (th. 6). Huilez légèrement un plat à gratin de 4 à 5 cm de haut et 22 à 24 cm de diamètre.

❒ Rincez et essuyez les tomates cerises. Disposez-les dans le plat, puis répartissez les olives et le basilic.

❒ Cassez les œufs dans un grand bol, battez-les légèrement, puis ajoutez successivement la Maïzena® et la ricotta, en remuant vivement pour obtenir un mélange homogène. Versez le lait, la crème et l'huile d'olive sans cesser de remuer, puis ajoutez la moitié du parmesan. Salez et poivrez. Mélangez bien.

❒ Versez la pâte sur les tomates et recouvrez du reste de parmesan. Enfournez et faites cuire 35 à 40 minutes. Servez chaud ou tiède.

Simple
to
make

CLAFOUTIS DE FLEURS DE CAROTTE

POUR 4 PERSONNES • PRÉPARATION : 25 MIN • CUISSON : 35 MIN

3 carottes + 2 œufs + 12,5 cl de lait + 12,5 cl de crème liquide + 100 g de parmesan
50 g de farine + 1 bouquet de cerfeuil + Sel, poivre + Beurrre

❒ Épluchez les carottes et coupez-les en lanières à l'aide d'un économe ou un rasoir à légumes. Ciselez les ¾ du bouquet de cerfeuil. Pour la pâte à clafoutis, procédez comme la pâte à crêpes : versez la farine dans un saladier, faites un puits, ajoutez les œufs, fouettez doucement en incorporant le lait, la crème, le parmesan, puis le cerfeuil, salez et poivrez. Versez cette pâte dans un moule à manqué ou un moule à porcelaine préalablement beurré.

❒ Préchauffez le four à 180 °C (th. 6). Roulez les lanières de carotte sur elles-mêmes et disposez-les harmonieusement sur la pâte : n'hésitez pas à superposer les rouleaux pour donner du volume au plat. Enfournez pour 35 minutes.

❒ À la sortie du four, démoulez avec précaution le clafoutis, présentez-le sur une belle assiette.

Pour un démoulage sans problème, utilisez un moule en silicone ou glissez une feuille de papier sulfurisé dans un moule classique.

QUICHE SANS PÂTE QUINOA-CHOU KALE-MENTHE-TOMATE

POUR 4 PERSONNES • PRÉPARATION : 30 MIN • CUISSON : 45 MIN

60 g de quinoa + 175 g de chou kale + 300 g de coulis de tomates + 125 g de ricotta
1 gros œuf + 10 cl de crème fraîche liquide + 30 g de parmesan + 20 g de beurre
4 belles branches de menthe + 3 cuil. à soupe de pignons + Sel, poivre

❒ Faites cuire le quinoa : rincez-le plusieurs fois dans une passoire. Mettez-le dans une casserole avec 2 fois son volume d'eau froide et laissez-le cuire 15 minutes. Éteignez le feu, laissez gonfler 10 minutes puis égouttez.

❒ Préchauffez le four à 180 °C (th. 6).

❒ Retirez les parties dures du chou. Lavez les feuilles. Hachez-les grossièrement. Plongez-les dans une casserole d'eau froide et portez à ébullition. Égouttez-les.

❒ Écrasez la ricotta à l'aide d'une fourchette. Fouettez l'œuf avec la crème puis versez sur la ricotta. Mélangez bien. Lavez la menthe, séchez-la puis ciselez-la. Faites griller les pignons 1 à 2 minutes dans une poêle sans matière grasse sur feu vif (attention, ça va très vite !).

❒ Dans un saladier, mélangez le chou, le quinoa, la préparation à la ricotta, la menthe, le parmesan et les pignons. Salez et poivrez.

❒ Beurrez un moule à manqué. Versez-y la préparation. Mettez au four et laissez cuire 30 minutes. Servez avec le coulis de tomates préalablement réchauffé.

QUICHE AUX PIGNONS ET AU BASILIC

POUR 6 PERSONNES • PRÉPARATION : 20 MIN • CUISSON : 40 MIN

1 pâte brisée + 1 bouquet de basilic frais + quelques feuilles pour la décoration
150 g de pignons + quelques-uns pour la décoration + 15 cl de crème fraîche épaisse
50 g de parmesan râpé + 20 g pour la décoration + 3 œufs + 10 cl d'huile d'olive
2 cuil. à soupe de chapelure + Beurre doux pour le moule + Sel, poivre

❒ Préchauffez le four à 200 °C (th. 6-7).

❒ Beurrez un moule à tarte. Foncez la pâte dans le moule et piquez-la avec une fourchette. Recouvrez la pâte de chapelure.

❒ Lavez le basilic et ne conservez que les feuilles. Réalisez un pesto en mixant le basilic avec 100 g de pignons et le parmesan, puis ajoutez peu à peu l'huile d'olive.

❒ Battez dans un saladier les œufs et la crème, puis ajoutez le pesto. Salez et poivrez, puis ajoutez les pignons restants. Versez la préparation sur la chapelure, puis enfournez pour 40 minutes.

❒ Dégustez la quiche tiède, décorée avec des pignons grillés, du basilic et des copeaux de parmesan.

TARTE AUX OIGNONS ROUGES

POUR 6 PERSONNES • PRÉPARATION : 20 MIN • CUISSON : 55 MIN

400 g de pâte brisée sans gluten ou à la farine complète + 1 kg d'oignons rouges
45 g de farine complète + 75 g de margarine végétale + 75 cl de lait de soja
4 cuil. à soupe de miel d'acacia + ½ cuil. à soupe de paprika moulu + 1 verre d'eau minérale
Sel, poivre

❒ Épluchez les oignons sous l'eau froide et émincez-les finement. Étalez la pâte et foncez un moule à tarte.

❒ Dans une casserole, faites suer les oignons avec 30 g de margarine végétale. Humectez avec l'eau minérale, puis ajoutez le miel d'acacia et mélangez bien. Salez et poivrez. Réservez.

❒ Réalisez une béchamel à base de lait de soja : dans une casserole sur feu doux, faites fondre la margarine restante et ajoutez la farine. Mélangez bien et faites dessécher sur feu doux. Versez petit à petit le lait de soja, sans cesser de mélanger jusqu'à ce que la sauce épaississe. Ajoutez sel et paprika selon votre goût. Répartissez les oignons sur la pâte et versez dessus la béchamel.

❒ Faites cuire 40 minutes environ à 190 °C (th. 6-7). Servez avec une belle salade verte.

TARTE AUX POIREAUX AVEC UNE PÂTE DE QUINOA

POUR 6 PERSONNES • PRÉPARATION : 20 MIN • CUISSON : 1 H

150 g de quinoa + 1 cube de bouillon de légumes (bio de préférence)
300 g de blancs de poireau + 20 cl de crème liquide + 2 œufs + 1 blanc
50 g de parmesan + 1 cuil. à soupe de moutarde + 1 cuil. à soupe bombée de farine
3 cuil. à soupe d'huile d'olive + Sel, poivre

- Rincez le quinoa. Faites-le cuire dans de l'eau additionnée du cube de bouillon pendant 20 minutes environ. Il doit être moelleux.
- Préchauffez le four à 200 °C (th. 6-7).
- Lavez les poireaux puis détaillez-les en rondelles. Dans une poêle, faites chauffer 2 cuillerées à soupe d'huile et ajoutez les poireaux. Couvrez et laissez fondre 4 à 5 minutes. Retirez le couvercle et poursuivez la cuisson 1 minute environ. Salez et poivrez.
- Lorsque le quinoa est cuit (égouttez-le si besoin), ajoutez la moutarde, la farine, le blanc d'œuf fouetté et l'huile d'olive restante. Remuez bien.
- Versez le mélange dans un moule à tarte recouvert de papier sulfurisé. Étalez-le bien et remontez le long des bords. Mettez au four 10 à 15 minutes, le temps que la « pâte » sèche.
- Disposez alors sur le fond de tarte les poireaux. Battez les œufs avec la crème. Salez et poivrez. Versez sur les poireaux, saupoudrez de parmesan puis mettez au four pour 30 minutes.

TARTE AUX ÉPINARDS, NOIX ET GORGONZOLA

POUR 6 PERSONNES • PRÉPARATION : 30 MIN • CUISSON : 25 MIN

350 g de pâte feuilletée + 3 œufs entiers + 1 jaune + 100 g de crème fraîche épaisse
120 g de gorgonzola + 20 g de beurre doux + 1 kg d'épinards frais
30 g de cerneaux de noix + Sel, poivre

❒ Lavez et essorez les feuilles d'épinards. Émiettez le gorgonzola. Étalez la pâte et foncez un moule à tarte. Battez le jaune d'œuf à la fourchette et badigeonnez-en les bords de la pâte à l'aide d'un pinceau.

❒ Dans une grande casserole, faites fondre le beurre et laissez les épinards réduire, 5 minutes environ. Réservez. Dans un bol, fouettez les œufs entiers avec la crème fraîche. Dans un saladier, mettez le gorgonzola émietté, les cerneaux de noix, le mélange œufs-crème fraîche. Salez, poivrez et mélangez bien.

❒ Sur le fond de tarte, disposez les feuilles d'épinards soigneusement égouttées et répartissez dessus la garniture aux noix et au gorgonzola.

❒ Enfournez pour 20 minutes environ à 210 °C (th. 7). Laissez reposer 5 minutes dans le four éteint avant de servir.

TARTE À LA CAROTTE ET CHOU ROUGE AUX GRAINES

POUR 6 PERSONNES • PRÉPARATION : 25 MIN • CUISSON : 45 MIN

Pour la pâte : 150 g de farine de blé T65 + un peu pour le moule + 50 g d'autre farine (seigle, châtaigne, sarrasin…) + 100 g de beurre

Pour la garniture : 2 carottes + ½ petit chou rouge + 3 œufs + 20 cl de crème liquide ou végétale + 10 cl de lait (ou lait végétal) + 50 g de graines de courge et de tournesol + un peu pour servir + 1 cuil. à café de cannelle en poudre ⅛ de cuil. à café de noix de muscade + Graines de sésame pour servir + Sel, poivre

❒ Dans un saladier, mélangez du bout des doigts les farines avec le beurre coupé en petits morceaux pour former une pâte sablonneuse. Ajoutez 5 cl d'eau et pétrissez jusqu'à obtenir une pâte souple et non collante. Au besoin, ajoutez un peu d'eau. Réservez au frais, le temps de préparer la garniture.

❒ Pelez les carottes. Retirez éventuellement les premières feuilles du chou et ôtez le cœur. Râpez les légumes à la grosse grille. Dans un saladier, mélangez les œufs, la crème, le lait, les épices avec ½ cuillerée à café de sel et quelques tours de moulin à poivre. Ajoutez les légumes râpés, les graines de courge et de tournesol, et mélangez.

❒ Préchauffez le four à 180 °C (th. 6). Sur le plan de travail fariné, étalez la pâte au rouleau à pâtisserie et déposez-la dans un plat à tarte de 26 cm de diamètre. Piquez le fond de tarte avec les dents d'une fourchette. Versez doucement la garniture en répartissant les légumes de façon homogène.

❒ Enfournez pour 45 minutes. Servez la tarte encore chaude, tiède ou froide.

TARTE FINE AUX TOMATES CERISES ET TOMATES VERTES

POUR 6 PERSONNES • PRÉPARATION : 20 MIN • CUISSON : 30 MIN

400 g de pâte feuilletée

Pour la garniture : 5 tomates vertes (Green Zebra) + 200 g de tomates cerises
30 g de beurre + 2 cuil. à soupe de sucre roux + 2 cuil. à soupe d'huile d'olive + Sel, poivre

❒ Versez l'huile d'olive dans le moule à tarte et inclinez-le pour qu'elle se répartisse uniformément. Lavez et coupez les tomates vertes en deux et disposez-les dans le moule, côté bombé sur le dessus. Complétez avec les tomates cerises pour remplir totalement le moule. Salez et poivrez, saupoudrez de sucre, parsemez de copeaux de beurre et mélangez.

❒ Posez le moule sur feu vif et laissez cuire 5 minutes environ, le temps que les tomates caramélisent, puis retirez du feu.

❒ Étalez la pâte feuilletée et disposez-la sur le moule, de façon à recouvrir les tomates et, plus largement, les bords. Mettez au four et faites cuire 25 minutes à 210 °C (th. 7).

❒ Retournez le moule sur un grand plat et servez chaud ou tiède.

❒ Servez cette tarte avec une petite sauce composée de 2 cuillerées à soupe d'huile d'olive et 1 cuillerée à soupe de vinaigre balsamique.

TABOULÉ DE PERSIL

POUR 4 PERSONNES • PRÉPARATION : 30 MIN • CUISSON : 25 MIN

100 g de boulgour + 1 concombre + 2 oignons nouveaux + 1 gousse d'ail + 1 citron
2 bouquets de persil plat + 5 brins de cerfeuil + 5 brins de menthe + 40 g de pignons
3 cuil. à soupe d'huile d'olive + Sel, poivre

❒ Rincez le persil, le cerfeuil et la menthe sous l'eau fraîche. Essorez-les, effeuillez-les et hachez-les grossièrement. Pelez et hachez l'ail et les oignons. Pressez le citron. Pelez le concombre, puis râpez-le.

❒ Faites cuire le boulgour dans une casserole d'eau bouillante salée pendant 20 minutes, puis passez-le sous l'eau froide et égouttez-le. Faites dorer les pignons pendant quelques minutes dans une poêle à sec.

❒ Mélangez dans un saladier le boulgour, les herbes hachées, le concombre, les oignons et l'ail. Ajoutez le jus de citron, l'huile d'olive, les pignons, du sel et du poivre. Mélangez et servez aussitôt.

Remplacez la menthe par un brin d'aneth et les pignons par des amandes effilées dorées.

SALADE ÉNERGIE

POUR 6 PERSONNES • PRÉPARATION : 15 À 20 MIN

3 sucrines + 1 carotte + 2 oranges (ou 1 pamplemousse) + 1 mangue + 1 avocat
1 cuil. à soupe d'échalote surgelée + Un mélange de graines (courges, sésame, tournesol, lin)
Pour la sauce : 1 orange + ½ citron + Huile d'olive + Vinaigre balsamique

❒ Pelez la carotte et râpez-la avec un économe. Pelez les oranges, la mangue et l'avocat, puis coupez-les en petits morceaux.

❒ Découpez les sucrines dans un saladier, saupoudrez d'échalote et ajoutez les fruits et la carotte.

❒ Parsemez du mélange de graines. Remuez bien.

❒ Mélangez les ingrédients de la sauce et versez sur la salade.

SALADE DE BETTERAVE, ORANGE ET GRAINES

POUR 4 PERSONNES • PRÉPARATION : 20 MIN • CUISSON : 30 MIN

2 betteraves de 400 g environ + 2 oranges + ½ grenade + 2 poignées de graines germées
Un mélange de petites graines (chanvre, courge, pavot, sésame...) + Huile de noix
Fleur de sel, poivre du moulin

Pour la vinaigrette : 1 cuil. à soupe de mélasse de grenade (ou de vinaigre balsamique)
2 cuil. à soupe d'huile de noix + Sel, poivre

❒ Pelez les betteraves et coupez-les en fines rondelles de 3 à 5 mm d'épaisseur. Déposez-les sur une feuille de papier sulfurisé. Arrosez d'un filet d'huile de noix, saupoudrez de fleur de sel et poivrez. Refermez soigneusement la papillote, puis enveloppez-la de papier d'aluminium. Enfournez pour 30 minutes. Laissez tiédir dans le four.

❒ Pelez à vif les oranges et taillez-les en fines rondelles. Prélevez les graines de grenade. Préparez la vinaigrette en mélangeant tous les ingrédients.

❒ Dans un plat de service, disposez harmonieusement les rondelles de betterave et d'orange. Répartissez dessus les graines germées et les graines de grenade, arrosez de vinaigrette et saupoudrez de petites graines.

BOULGOUR AUX HERBES ET TARTARE DE CŒUR DE BŒUF

POUR 4 PERSONNES • PRÉPARATION : 20 MIN

250 g de boulgour fin de blé + 1 concombre + 1 kg de tomates cœur de bœuf
2 petits oignons rouges + 1 bouquet de persil plat + 1 bouquet de menthe
2 oignons nouveaux + 2 citrons jaunes + 7 cuil. à soupe d'huile d'olive + 1 cuil. à soupe de vinaigre de vin vieux + Sel, poivre

❒ Retirez les pédoncules des tomates et coupez-les en petits dés. Pelez et ciselez finement les oignons rouges. Lavez et effeuillez le persil et la menthe. Hachez-les finement au couteau. Pelez et hachez finement les oignons en laissant 10 cm de vert. Pelez et coupez en petits cubes le concombre. Pressez les citrons.

❒ Portez 35 cl d'eau à ébullition avec ½ cuillerée à café de sel. Versez-la sur le boulgour, couvrez et laissez gonfler jusqu'à refroidissement. Égrenez-le à la fourchette.

❒ Préparez le tartare. Dans un saladier, mélangez les dés de tomate et les oignons ciselés avec 3 cuillerées à soupe d'huile d'olive et le vinaigre. Goûtez et rectifiez l'assaisonnement.

❒ Dans un autre saladier, mélangez le boulgour froid avec le reste d'huile d'olive, le jus de citron, les cubes de concombre et les herbes. Salez si nécessaire.

BUDDHA BOWL

POUR 4 PERSONNES • PRÉPARATION : 20 MIN • CUISSON : 10 MIN

125 g de boulgour de blé (ou d'une autre variété de céréales) + 125 g de pois chiches déjà cuits (ou en conserve) + 125 g de yaourt grec + ¼ d'oignon rouge + ½ grenade 1 petite betterave cuite + 2 poignées de feuilles d'épinards + 12 cerneaux de noix de Grenoble + 2 dattes + 1 pincée de feuilles de menthe séchée + 1 cuil. à soupe d'huile d'olive + Sel marin et poivre

Pour la vinaigrette : 3 cuil. à soupe d'huile de colza + 1 cuil. à soupe de vinaigre de vin 1 cuil. à soupe de mélasse de grenade

❒ Dans une casserole, portez 20 cl d'eau à ébullition avec l'huile et 2 pincées de sel. Versez le boulgour en pluie, couvrez et laissez gonfler hors du feu. Égrenez le boulgour avec une fourchette.

❒ Rincez et égouttez les pois chiches. Pelez et tranchez finement l'oignon. Égrenez la grenade. Dénoyautez les dattes et coupez-les en petits morceaux. Concassez grossièrement les noix.

❒ Préparez la vinaigrette en mélangeant tous les ingrédients. Mélangez le yaourt grec avec la menthe séchée, du sel et du poivre.

❒ Pelez et coupez la betterave en petits dés. Détachez les tiges des feuilles des épinards, lavez les feuilles soigneusement et taillez-les en fines lanières. Dans un saladier, mélangez la betterave avec un tiers de vinaigrette. Procédez de même avec les lanières d'épinards dans un autre saladier.

❒ Dans 2 grands bols, répartissez le boulgour, les dés de betterave et les lanières d'épinards, l'oignon émincé, les pois chiches et la grenade. Ajoutez la sauce au yaourt et le restant de vinaigrette, puis décorez avec les noix concassées et les petits morceaux de datte.

SALADE DE QUINOA AUX COURGES CONFITES

POUR 4 PERSONNES • PRÉPARATION : 25 MIN • CUISSON : 1 H

250 g de graines de quinoa + 1 kg à 1,5 kg de courge (butternut, potimarron, courge musquée...) + 2 échalotes + 2 gousses d'ail (facultatif) + 2 cuil. à soupe d'huile d'olive + 1 cuil. à café d'herbes de Provence + 1 cuil. à café de moutarde de Dijon + 1 cuil. à soupe de miel + 2 cuil. à soupe de vinaigre balsamique + 4 cuil. à soupe d'huile de pépins de courge + 20 g de graines de courge (facultatif) + Herbes (persil, coriandre...) pour servir (facultatif) + Sel, poivre

❒ Coupez la courge en deux et ôtez les graines à l'aide d'une cuillère. Puis coupez-les en morceaux de 2 cm de côté environ. Pelez, dégermez et hachez l'ail. Pelez et ciselez finement les échalotes.

❒ Préchauffez le four à 180 °C (th. 6). Déposez les morceaux de courge dans la lèchefrite du four. Ajoutez l'ail haché, arrosez d'huile d'olive, saupoudrez d'herbes de Provence, salez et poivrez. Mélangez bien. Enfournez pour 50 minutes en remuant : les cubes de courge doivent être confits. Prolongez la cuisson si nécessaire.

❒ Préparez le quinoa. Rincez les graines de quinoa à l'eau froide. Versez dans une casserole et ajoutez 45 cl d'eau avec ½ cuillerée à café de sel. Portez à ébullition, puis laissez cuire à feu moyen 10 minutes. Retirez du feu et laissez gonfler à couvert les graines de quinoa 5 minutes.

❒ Dans un bol, préparez la vinaigrette en mélangeant la moutarde, le miel et le vinaigre avec l'huile de pépins de courge. Salez et poivrez. Dans un saladier, mélangez les dés de courge confits, le quinoa et les échalotes émincées avec ⅔ de la vinaigrette.

❒ Répartissez la salade de quinoa dans 4 assiettes et arrosez du reste de vinaigrette. Parsemez de quelques graines de courge et d'herbes ciselées.

SALADE DE BUTTERNUT RÔTIE ET PETIT ÉPEAUTRE

POUR 4 PERSONNES • TREMPAGE : 12 H • PRÉPARATION : 25 MIN
CUISSON : 50 MIN

1 courge butternut de 1 à 1,5 kg + 250 g de petit épeautre (ou orge mondé ou gruau d'avoine) + 100 g d'amandes entières + 2 poires + 1 pomme + 2 cuil. à soupe d'huile d'olive + 1 cuil. à café de romarin haché + Sel, poivre

Pour la vinaigrette à l'orange : 1 orange bio + 2 cuil. à soupe de vinaigre de vin 2 cuil. à soupe d'huile d'olive + 2 cuil. à soupe d'huile de colza + 1 cuil. à soupe de moutarde de Dijon

❒ Mettez le petit épeautre à tremper pendant 12 heures. Égouttez-le et faites-le cuire dans un grand volume d'eau froide non salée 30 minutes à compter de l'ébullition.

❒ Pendant ce temps, préchauffez le four à 180 °C (th. 6). Pelez et coupez la courge en cubes de 2 cm. Déposez les cubes de butternut dans la lèchefrite du four. Arrosez d'un filet d'huile d'olive, saupoudrez de romarin, salez et poivrez et mélangez bien. Enfournez pour 50 minutes en remuant régulièrement.

❒ Préparez la vinaigrette. Prélevez le zeste de l'orange, puis recueillez le jus. Dans un bol, mélangez tous les ingrédients de la vinaigrette. Dans une poêle chaude, faites torréfier les amandes concassées quelques secondes en remuant. Pelez et coupez en petits morceaux les poires. Pelez et coupez la pomme en quatre, puis émincez chaque quartier.

❒ Dans un saladier, mélangez le petit épeautre, les dés de butternut rôtie et les morceaux de poire avec deux tiers de la vinaigrette. Répartissez dans 4 assiettes et parsemez de lamelles de pomme et d'amandes torréfiées. Arrosez de vinaigrette.

SALADE DE LENTILLES CORAIL À L'INDIENNE

POUR 4 PERSONNES • PRÉPARATION : 25 MIN • CUISSON : 15 À 20 MIN

200 g de lentilles corail + 80 g de cœurs de laitue + 2 carottes + 1 pomme + 1 oignon
4 portions de Vache-qui-rit® + 4 pains indiens (naans) + 10 brins de coriandre
1 brin de thym + 2 cuil. à soupe d'huile d'olive + ½ cuil. à café de curry indien
1 pincée de graines de coriandre + 1 pincée de graines de cumin + Sel, poivre

❐ Pelez les carottes, lavez-les et coupez-les en petits dés. Pelez et hachez l'oignon. Lavez la pomme et coupez-la en petits dés. Rincez la laitue et essorez-la. Rincez la coriandre et hachez-la.

❐ Préchauffez le four à 150 °C (th. 5). Dans une casserole d'eau, faites cuire les lentilles corail, l'oignon haché et les dés de carotte avec les graines de coriandre et de cumin, le curry, le thym et du poivre pendant 10 à 15 minutes. Égouttez. Faites chauffer les naans au four pendant 5 minutes.

❐ Ouvrez les naans en deux, tartinez l'intérieur de Vache-qui-rit® et placez-les dans le four éteint jusqu'au moment de servir. Disposez la laitue dans un plat creux. Versez les lentilles et les carottes tièdes par-dessus. Ajoutez les dés de pomme et la coriandre hachée. Salez, poivrez et assaisonnez d'huile d'olive. Servez avec les naans.

SALADE DE PETITS ARTICHAUTS VIOLETS AU PARMESAN

POUR 4 PERSONNES • PRÉPARATION : 25 MIN • CUISSON : 6 À 7 MIN

6 artichauts poivrades + 150 g de risone (ou petites pâtes) + 80 g de roquette
150 g de parmesan entier + 2 gousses d'ail + ½ bouquet de basilic + 1 citron
3 cuil. à soupe d'huile d'olive + 2 cuil. à soupe de vinaigre balsamique + Sel, poivre

❒ Faites cuire les pâtes dans une casserole d'eau bouillante salée pendant 6 à 7 minutes, en les gardant *al dente*. Égouttez-les, versez-les dans un saladier, ajoutez 1 cuillerée à soupe d'huile d'olive et une pincée de poivre, puis mélangez.

❒ Éliminez les feuilles extérieures des artichauts poivrades pour ne garder que le cœur. Rincez-les sous l'eau froide et tranchez-les finement, en les arrosant de jus de citron au fur et à mesure. Lavez et essorez la roquette. Rincez le basilic et hachez-le. Pelez et hachez l'ail. Coupez le parmesan en fins copeaux.

❒ Ajoutez la roquette, les artichauts émincés, l'ail et le basilic hachés dans le saladier contenant les pâtes.

Assaisonnez avec le reste d'huile d'olive et le vinaigre balsamique. Ajoutez les copeaux de parmesan et servez aussitôt.

VEGGIE BOWL DE PRINTEMPS

POUR 4 PERSONNES • PRÉPARATION : 20 MIN • CUISSON : 15 MIN

600 g de petits pois + 500 g de brocoli et/ou de chou romanesco + 300 g de petites fèves
250 g de riz basmati blanc ou demi-complet + 12 asperges vertes + 4 oignons nouveaux
4 poignées de mesclun + 1 cuil. à café de graines de sésame + 1 cuil. à soupe d'huile d'olive
1 filet pour l'assaisonnement + 1 trait de vinaigre

Pour la sauce à l'estragon : 3 cuil. à soupe de purée d'amandes + ½ bouquet d'estragon
½ citron jaune + Sel, poivre

❐ Portez à ébullition une casserole d'eau. Versez le riz. À la reprise de l'ébullition, baissez le feu et laissez frémir une dizaine de minutes. Égouttez.

❐ Pendant ce temps, détaillez le brocoli et le chou romanesco en fleurettes. Rincez-les et faites-les cuire 10 minutes à la vapeur. Écossez les petits pois et faites-les cuire 10 minutes dans une casserole d'eau bouillante. Écossez les petites fèves. Nettoyez les asperges et poêlez-les quelques minutes avec l'huile. Pelez et émincez finement les oignons nouveaux. Lavez et essorez le mesclun.

❐ Préparez la sauce. Rincez, effeuillez et ciselez l'estragon. Pressez le citron. Dans un bol, mélangez la purée d'amandes avec le jus de citron et l'estragon. Salez et poivrez. Au besoin délayez avec un peu d'eau.

❐ Dans 4 grands bols, répartissez le riz basmati, les fleurettes de brocoli et romanesco, les asperges poêlées, les févettes et le mesclun. Arrosez d'un filet d'huile d'olive et de vinaigre, ajoutez la sauce à l'estragon et décorez avec les oignons émincés et les graines de sésame.

SALADE AU CHOU-RAVE ET AUX CAROTTES MARINÉES

POUR 4 À 6 PERSONNES • PRÉPARATION : 20 MIN • CUISSON : 5 MIN
MACÉRATION : 1 H

2 choux-raves + 2 carottes + 1 petit chou chinois pe-tsaï (ou la moitié d'un gros)
2 échalotes + 40 g de cacahuètes + Quelques branches de menthe et de coriandre
Pour la marinade : 10 cl de vinaigre de riz + 2 cuil. à soupe de sucre de canne blond
1 ½ cuil. à café de sel marin

❐ Préparez la marinade. Dans une casserole, portez à ébullition 5 cl d'eau avec tous les ingrédients, puis laissez tiédir.

❐ Épluchez et râpez les choux-raves et les carottes. Dans un récipient à fermeture hermétique, faites mariner au frais les légumes râpés dans la marinade au vinaigre au moins 1 heure.

❐ Retirez les premières feuilles du chou chinois si elles sont abîmées et émincez finement le reste.
Pelez et ciselez les échalotes.
Rincez, effeuillez et ciselez les herbes.
À l'aide d'un couteau, concassez les cacahuètes.

❐ Dans un saladier, mélangez les légumes marinés avec le pe-tsaï et les échalotes. Répartissez dans les assiettes. Parsemez d'herbes ciselées et de cacahuètes concassées avant de déguster.

Avec les carottes, vous pouvez faire mariner de la même manière du radis noir, du céleri-rave, du chou blanc ou rouge ou du concombre.

SALADE DE QUINOA ET LÉGUMES CROQUANTS

POUR 4 PERSONNES • PRÉPARATION : 25 MIN • CUISSON : 10 MIN

250 g de quinoa + 12 asperges vertes + 2 branches de céleri + 2 bulbes de fenouil
2 oignons nouveaux + 1 petit radis noir + 1 poignée de mâche + 1 poignée de pistaches + Sel
Pour la vinaigrette : 1 citron jaune bio + 3 cuil. à soupe d'huile d'olive + Fleur de sel, poivre

❒ Rincez les graines de quinoa à l'eau froide. Versez-les dans une casserole et ajoutez 45 cl d'eau avec ½ cuillerée à café de sel. Portez à ébullition, puis laissez cuire à feu moyen 10 minutes environ. Retirez du feu et laissez gonfler à couvert le quinoa 5 minutes. Réservez jusqu'à refroidissement.

❒ Pendant ce temps, retirez la partie dure des asperges et coupez-les en rondelles en conservant 5 cm de pointe. Portez une casserole d'eau à ébullition et plongez-y 3 minutes les asperges. Égouttez et placez immédiatement dans un récipient d'eau glacée. Lavez le céleri, émincez les branches et hachez au couteau les feuilles. Lavez les fenouils, raccourcissez leurs tiges et émincez les bulbes finement. Pelez le radis noir et émincez-le en fines rondelles. Lavez et émincez les bulbes et les tiges des oignons. Rincez et séchez la mâche. À l'aide d'un couteau, concassez les pistaches et faites-les torréfier dans une poêle chaude sans cesser de remuer.

❒ Préparez la vinaigrette. Lavez le citron. Prélevez le zeste, puis pressez le fruit. Mélangez-les avec l'huile d'olive. Salez et poivrez.

❒ Dans un saladier, mélangez le quinoa avec les asperges, les crudités (hormis les feuilles de céleri) et les feuilles de mâche. Arrosez de vinaigrette et remuez délicatement. Servez la salade saupoudrée de pistaches concassées et de feuilles de céleri ciselées.

SALADE QUINOA-BETTERAVE-CORIANDRE-POMME-FETA

POUR 4 PERSONNES • PRÉPARATION : 20 MIN • CUISSON : 15 MIN

130 g de quinoa + 1 petite pomme + 1 grosse betterave cuite + 10 branches de coriandre
100 g de feta + 6 belles noix

Pour la sauce : 1 petit citron + 2 cuil. à soupe de miel liquide + 6 cuil. à soupe d'huile d'olive
1 petite échalote + Sel, poivre

❐ Rincez le quinoa plusieurs fois dans une passoire.

❐ Faites cuire le quinoa : mesurez 1 fois ½ son volume en eau. Placez-le dans une casserole, portez à la limite de l'ébullition et laissez cuire à feu moyen 15 minutes. Retirez du feu, mélangez et laissez reposer 5 minutes (sans jamais le couvrir). Le grain doit être croquant.

❐ Préparez la sauce : épluchez et hachez l'échalote. Pressez le citron et fouettez le jus avec le miel. Ajoutez le sel, le poivre et l'échalote. Mélangez puis versez l'huile d'olive en filet sans cesser de remuer.

❐ Coupez la betterave en petits cubes. Lavez la coriandre, effeuillez-la et hachez les feuilles (réservez quelques feuilles entières pour la décoration). Cassez les noix et concassez les cerneaux. Coupez la feta en cubes ou émiettez-la. Épluchez et coupez la pomme en petits morceaux.

❐ Dans un grand saladier, mélangez le quinoa, la pomme, la coriandre et les noix. Ajoutez la betterave et remuez rapidement. Versez la moitié de la sauce. Goûtez puis rectifiez l'assaisonnement si besoin. Parsemez de feta et de feuilles de coriandre.

SALADE PRINTANIÈRE AU CHOU KALE

POUR 4 PERSONNES • PRÉPARATION : 30 MIN • CUISSON : 30 MIN

1 chou kale (ou ½ chou vert de printemps) + 100 g de quinoa rouge + 700 g de fèves fraîches + ½ botte de radis rouges + 2 oignons nouveaux + 1 bouquet de cerfeuil 50 g de raisins secs + 40 g de pignons + 1 cuil. à soupe d'huile d'olive + 1 cuil. à soupe d'huile de noisette + 2 cuil. à soupe de vinaigre balsamique blanc + Sel, poivre

❒ Rincez le quinoa sous l'eau dans une passoire, puis faites-le cuire 20 minutes dans une casserole d'eau bouillante salée. Égouttez-le et laissez-le tiédir. Émincez les feuilles de chou kale, puis faites-les cuire 5 minutes à la vapeur. Faites dorer les pignons 3 minutes dans une poêle, sans matière grasse. Laissez tiédir.

❒ Écossez les fèves et éliminez la pellicule qui les entoure. Pelez et hachez les oignons nouveaux, ainsi que le cerfeuil rincé et essoré. Lavez les radis, éliminez la tige et la radicelle, puis coupez-les en fines rondelles.

❒ Mélangez dans un saladier le quinoa, le chou, les radis, les fèves, les oignons et le cerfeuil émincés. Ajoutez les raisins secs et les pignons. Assaisonnez de sel, de poivre, des huiles de noisette et d'olive et de vinaigre balsamique, puis servez aussitôt.

SALADE DE RIZ ROUGE ET TOFU AUX LÉGUMES

POUR 4 PERSONNES • PRÉPARATION : 20 MIN • CUISSON : 35 MIN

120 g de riz rouge + 250 g de tofu + 200 g de petits pois + 3 tomates + 1 cœur de céleri-branche + 1 gousse d'ail + 10 brins de cerfeuil + 2 cuil. à soupe de graines de sésame 2 cuil. à soupe d'huile d'olive + 1 cuil. à soupe d'huile de sésame + 2 cuil. à soupe de vinaigre balsamique blanc + 1 cuil. à soupe de sauce soja + Sel, poivre

❒ Faites cuire le riz rouge pendant 20 minutes dans une casserole d'eau bouillante salée, puis égouttez-le et laissez-le refroidir. Découpez le tofu en lamelles. Faites-les sauter dans un wok avec 1 cuillerée à soupe d'huile d'olive. Lorsque le tofu est bien doré, poivrez, ajoutez la sauce soja et faites réduire à feu vif. Faites cuire les petits pois pendant 10 minutes dans une casserole d'eau bouillante salée, puis passez-les sous l'eau glacée et égouttez-les.

❒ Lavez les tomates et coupez-les en petits dés. Rincez le cœur de céleri et émincez-le. Pelez et hachez l'ail. Rincez le cerfeuil, effeuillez-le et hachez-le.

❒ Mélangez dans un saladier les tomates, les petits pois, le céleri et le riz. Ajoutez l'ail, le cerfeuil, les graines de sésame, les huiles et le vinaigre balsamique. Salez et poivrez. Mélangez délicatement, ajoutez le tofu et servez frais ou tiède.

SOUPE FROIDE À LA TOMATE ET À L'AIL

POUR 4 PERSONNES • PRÉPARATION : 20 MIN • CUISSON : 25 MIN
RÉFRIGÉRATION : 2 H

700 g de mini-tomates en grappes + 1 tête d'ail + 5 tiges de basilic + 1 brin de thym
2 cuil. à soupe d'huile d'olive + 40 g d'amandes mondées + 1 tablette de bouillon de légumes + Poivre

❒ Rincez les tomates et coupez-les en deux. Pelez les gousses d'ail. Rincez le basilic, effeuillez-le et hachez-le.

❒ Faites chauffer l'huile dans une cocotte. Ajoutez les gousses d'ail et faites-les dorer à feu très doux pendant 5 minutes, en remuant. Ajoutez les tomates et la moitié du basilic. Mouillez avec 40 cl d'eau. Assaisonnez de poivre et ajoutez la tablette de bouillon et le thym. Couvrez et laissez cuire 20 minutes à feu doux.

❒ Ôtez le thym et mixez le potage avec les amandes mondées. Rectifiez l'assaisonnement. Versez dans un saladier. Couvrez de film étirable et laissez refroidir. Placez au frais pendant au moins 2 heures.

❒ Saupoudrez de basilic et dégustez frais.

SOUPE AU PISTOU

POUR 6 PERSONNES • PRÉPARATION : 20 MIN • CUISSON : 40 MIN

500 g de haricots blancs et/ou rouges frais (coco, big borlotto) + 250 g de haricots verts
2 petites courgettes + 4 pommes de terre + 3 tomates + 120 g de coquillettes semi-complètes ou complètes + Sel

Pour le pistou : 1 gros bouquet de basilic + 3 gousses d'ail + 60 g de parmesan
4 cuil. à soupe d'huile d'olive

❒ Écossez les haricots frais. Équeutez et coupez les haricots verts en tronçons de 2 cm. Pelez et coupez en morceaux les courgettes et les pommes de terre. Pelez, épépinez et hachez les tomates.

❒ Dans une grande cocotte, portez 2 litres d'eau à ébullition. Ajoutez les haricots frais, les haricots verts, les courgettes, les pommes de terre et les tomates. Salez. Couvrez et laissez cuire à frémissement et à couvert pendant 30 minutes. Ajoutez les pâtes et poursuivez la cuisson 10 minutes.

❒ Préparez le pistou. Effeuillez le basilic et épluchez les gousses d'ail. Râpez finement le parmesan. Dans un mortier, pilez l'ail avec les feuilles de basilic, le parmesan et l'huile d'olive.

❒ Au moment de servir, délayez la préparation au basilic avec 1 louche de bouillon et remettez dans la cocotte. Remuez, goûtez et rectifiez l'assaisonnement.

CRÈME DE CÉLERI-RAVE, MOUILLETTES DE PESTO

POUR 4 PERSONNES • PRÉPARATION : 20 MIN • CUISSON : 25 MIN

700 g de céleri-rave + 400 g de pommes de terre + 2 gousses d'ail + 20 cl de crème liquide + 4 tranches de pain + Quelques graines mélangées (courge, tournesol, chanvre, sésame blond et noir) + 2 cuil. à soupe d'huile d'olive + 1 filet pour le service + Sel, poivre

Pour le pesto : 75 g de roquette + 1 gousse d'ail + 50 g de parmesan + 50 g d'amandes 10 cl d'huile d'olive + Sel, poivre

❒ Épluchez et coupez le céleri-rave et les pommes de terre en cubes. Épluchez et dégermez les gousses d'ail. Dans un faitout, faites dorer à l'huile les morceaux de céleri-rave et les gousses d'ail quelques minutes. Ajoutez les cubes de pomme de terre et 1,2 litre d'eau. Portez à ébullition et faites cuire à frémissement pendant une vingtaine de minutes. Vérifiez la cuisson des légumes : les morceaux doivent être très tendres.

❒ Pendant ce temps, préparez le pesto. Rincez et essorez la roquette. Épluchez et dégermez l'ail. Râpez le parmesan. Hachez les amandes et l'ail. Ajoutez la roquette et hachez à nouveau. Enfin, ajoutez le parmesan et l'huile, salez et poivrez selon votre goût et mixez encore.

❒ Faites griller les tranches de pain au grille-pain et découpez-les en mouillettes. Tartinez-les de pesto.

❒ Retirez la soupe du feu, ajoutez la crème, salez et poivrez et mixez très finement. Ajoutez un peu de liquide si la soupe est trop épaisse. Répartissez la crème de céleri-rave bien chaude dans des assiettes creuses. Parsemez de quelques graines, arrosez d'un filet d'huile d'olive et servez avec les mouillettes.

CRÈME DE TOPINAMBOURS, ÉPINARDS ET NOIX TORRÉFIÉES

POUR 6 PERSONNES • PRÉPARATION : 20 MIN • CUISSON : 30 MIN

500 g de topinambours + 300 g d'épinards frais + 2 échalotes + 20 cl de crème d'amandes + 12 noix de Grenoble + 2 cuil. à soupe d'huile d'olive + Un peu d'huile de noix pour le service + Sel, poivre

❐ Épluchez, rincez et coupez les topinambours en morceaux. Équeutez, lavez et coupez en lanières les feuilles d'épinards. Épluchez et ciselez les échalotes. Cassez les noix et retirez les cerneaux. Au couteau, hachez les cerneaux de noix et faites-les torréfier à sec quelques minutes dans une poêle chaude.

❐ Dans une cocotte, faites suer les échalotes avec l'huile. Ajoutez les morceaux de topinambour et faites-les revenir quelques minutes en remuant régulièrement. Ajoutez 75 cl d'eau, salez et portez à ébullition. Couvrez et poursuivez la cuisson à frémissement pendant 20 minutes. Ajoutez les épinards et faites cuire encore 5 minutes. Retirez du feu.

❐ Mixez à l'aide d'un robot plongeant ou d'un blender, ajoutez la crème et rectifiez l'assaisonnement au besoin.

❐ Répartissez la crème de topinambours aux épinards dans 6 assiettes creuses, arrosez d'un filet d'huile de noix, saupoudrez de noix torréfiées et d'un tour de moulin à poivre.

MOULINÉE À LA SAVOYARDE, TARTINES DE BEAUFORT

POUR 6 PERSONNES • PRÉPARATION : 15 MIN • CUISSON : 20 MIN

3 poireaux + ½ céleri-rave + 300 g de pommes de terre + 3 oignons
30 g de beurre + 50 cl de lait + Sel, poivre

Pour les tartines : 4 tranches de pain de seigle + 200 g de beaufort

❒ Lavez et coupez en rondelles les poireaux. Pelez et taillez en morceaux le céleri-rave et les pommes de terre. Épluchez et ciselez les oignons.

❒ Dans un faitout, chauffez le beurre et faites revenir quelques minutes tous les légumes. Versez 1 litre d'eau et le lait, puis portez à ébullition. Couvrez et poursuivez la cuisson à frémissement le temps que les légumes soient tendres.

❒ À l'aide d'un mixeur plongeant ou d'un blender, mixez la soupe. Ajoutez un peu d'eau (ou de lait) si la moulinée vous semble trop épaisse. Goûtez et rectifiez l'assaisonnement.

❒ Pendant ce temps, préchauffez le four à 200 °C (th. 6-7) en position gril. Coupez le beaufort en fines lamelles. Déposez des lamelles de fromage sur les tranches de pain et enfournez le temps que le beaufort fonde. Servez aussitôt avec la soupe.

SOUPE ORANGE À L'ORGE PERLÉ

POUR 4 PERSONNES • PRÉPARATION : 25 MIN • CUISSON : 35 MIN

15 g de beurre + 1 courge butternut + 2 carottes + 1 pomme de terre + 1 petit oignon
4 brins de persil plat + 50 g d'orge perlé + 1 tablette de bouillon de légumes + Sel, poivre

❒ Pelez la courge et coupez-la en dés en éliminant toutes les graines. Pelez les carottes et la pomme de terre, lavez-les et coupez-les en dés. Pelez et hachez l'oignon. Rincez le persil et effeuillez-le.

❒ Faites cuire l'orge perlé pendant 20 minutes dans 1 litre d'eau additionnée du bouillon de légumes. Égouttez-le lorsqu'il est tendre.
Dans une cocotte, portez à ébullition 1 litre d'eau salée et légèrement poivrée. Ajoutez tous les légumes, couvrez et laissez cuire 25 minutes à feu moyen.

❒ Mixez le potage, rectifiez l'assaisonnement. Ajoutez l'orge perlé, et réchauffez 2 minutes sur feu doux. Hors du feu, ajoutez le beurre, quelques feuilles de persil et servez aussitôt.

VELOUTÉ POTIRONS ET LAIT D'AMANDE

POUR 4 PERSONNES • PRÉPARATION : 30 MIN • CUISSON : 25 MIN

4 mini-potirons + 150 g de potiron + 1 carotte + 1 échalote + 3 brins de cerfeuil
2 cuil. à soupe de poudre d'amandes + 30 cl de lait d'amande + 1 pincée de curcuma
1 cuil. à soupe d'huile d'olive + Sel, poivre

❐ Coupez la partie supérieure des mini-potirons et évidez-les délicatement sans percer l'écorce. Réservez les écorces pour y servir éventuellement le velouté. Éliminez les graines, récupérez la chair et coupez-la en morceaux. Pelez le potiron et la carotte, lavez-les et coupez-les en dés. Pelez et hachez l'échalote. Rincez le cerfeuil, effeuillez-le.

❐ Faites chauffer l'huile dans une cocotte. Ajoutez l'échalote et laissez dorer à feu doux en remuant, pendant 5 minutes. Ajoutez les morceaux de potiron, de mini-potirons et de carotte. Salez, poivrez et assaisonnez de curcuma. Mouillez avec le lait d'amande et 15 cl d'eau. Couvrez et laissez mijoter 20 minutes à feu doux.

❐ Mixez le potage, rectifiez l'assaisonnement et ajoutez la poudre d'amandes et le cerfeuil. Mélangez, versez dans des mini-verrines, et servez aussitôt.

VELOUTÉ COURGETTES-POIS CHICHES AUX GRAINES GERMÉES

POUR 4 PERSONNES • PRÉPARATION : 15 MIN • CUISSON : 35 MIN

50 g de graines germées + 3 à 4 courgettes (800 g environ) + 1 boîte de pois chiches (250 g de pois chiches égouttés) + 1 oignon + 1 gousse d'ail + 1 cube de bouillon de légumes (bio de préférence) + 1 cuil. à café de cumin (plus ou moins bombée selon votre goût) 3 cuil. à soupe d'huile d'olive + Sel, poivre

❒ Rincez les pois chiches et égouttez-les. Lavez les courgettes, coupez les extrémités et découpez-les en cubes, sans les peler. Pelez et émincez l'oignon. Épluchez l'ail, enlevez le germe et hachez-le.

❒ Faites revenir l'oignon 3 à 4 minutes dans une cocotte avec l'huile d'olive et le cumin. Ajoutez l'ail et prolongez la cuisson encore 1 minute.

❒ Ajoutez les courgettes, faites-les revenir 5 minutes, puis ajoutez 1 litre d'eau. Émiettez le cube de bouillon et ajoutez les pois chiches. Couvrez, portez à ébullition, puis laissez mijoter sur feu doux 25 minutes environ.

❒ Mixez la soupe avec la moitié du bouillon. Salez et poivrez. Rallongez avec le reste du bouillon jusqu'à obtenir la consistance souhaitée. Servez avec les graines germées au centre de chaque assiette.

VELOUTÉ DE BROCOLIS, TUILES AU PARMESAN

POUR 4 PERSONNES • PRÉPARATION : 25 MIN • CUISSON : 20 MIN

100 g de parmesan + 2 cuil. à soupe de mascarpone + 2 têtes de brocoli
1 grosse pomme de terre + 1 gousse d'ail + 2 brins de basilic + 1 tablette de bouillon de légumes + 10 g de Maïzena® + 20 g de graines de sésame + Poivre

❒ Rincez les brocolis et coupez-les en fleurettes. Pelez la pomme de terre, lavez-la, puis coupez-la en dés. Pelez l'ail. Rincez et effeuillez le basilic. Préchauffez le four à 180 °C (th. 6).

❒ Dans un bol, mélangez le parmesan, la Maïzena®, les graines de sésame et du poivre. Sur une plaque à pâtisserie couverte de papier sulfurisé, faites des petits tas du mélange au parmesan à l'aide d'une cuillère, puis étalez-les pour faire de petites tuiles. Réservez.

❒ Dans une casserole, portez 75 cl d'eau à ébullition. Ajoutez la tablette de bouillon de légumes, les fleurettes de brocoli, les dés de pomme de terre, les feuilles de basilic et l'ail. Couvrez et laissez cuire 20 minutes à feu moyen. Enfournez les tuiles au parmesan et laissez cuire 5 à 8 minutes en surveillant. Le bord des tuiles doit être bien doré.

❒ Quand le potage est cuit, mixez-le, ajoutez le mascarpone et rectifiez l'assaisonnement. Versez le velouté dans des bols, accompagnez des tuiles au parmesan que vous aurez délicatement disposées sur une assiette à l'aide d'une spatule.

SOUPE DE POIS CHICHES AU CUMIN, MOUILLETTES AU FROMAGE DE BREBIS

POUR 4 PERSONNES • PRÉPARATION : 25 MIN • CUISSON : 25 MIN

120 g de fromage de brebis frais + 1 carotte + 1 poireau + 1 courgette + 1 poivron vert
1 gousse d'ail + 4 tiges de coriandre + 100 g de baguette au pavot + 300 g de pois chiches en bocal + 2 pincées de cumin en poudre + 2 cuil. à soupe d'huile d'olive + Sel, poivre

❒ Pelez la carotte, lavez-la et coupez-la en dés. Fendez le poireau en deux, rincez-le sous l'eau courante et émincez-le. Lavez la courgette et le poivron et coupez-les en petits dés (éliminez les graines du poivron). Rincez la coriandre, effeuillez-la délicatement et réservez-la pour décorer les assiettes. Pelez et hachez l'ail. Égouttez et rincez les pois chiches.

❒ Dans une cocotte, portez 75 cl d'eau à ébullition. Mettez l'ail et tous les légumes, sauf les pois chiches. Salez, poivrez et ajoutez le cumin en poudre. Couvrez et laissez mijoter 20 minutes à feu moyen. Ajoutez les pois chiches et laissez chauffer 5 minutes supplémentaires.

❒ Mixez le potage et rectifiez l'assaisonnement.

❒ Découpez la baguette en 4 parts, découpez ces morceaux en mouillettes et tartinez-les de fromage de brebis. Saupoudrez de poivre et arrosez de quelques gouttes d'huile d'olive. Répartissez le potage bien chaud dans des assiettes creuses. Décorez d'un filet d'huile et de feuilles de coriandre. Servez les mouillettes à part.

SOUPE DE LÉGUMES PRIMEURS AUX NOUILLES SOBA

POUR 4 PERSONNES • PRÉPARATION : 25 MIN • CUISSON : 15 MIN

250 g de nouilles soba + 400 g de petits pois frais à écosser + 2 carottes primeurs
1 botte d'asperges vertes + 1 botte d'oignons nouveaux + ½ tête d'ail nouveau
1 cuil. à soupe d'huile d'olive + un peu pour le service + 1 l de bouillon de légumes (ou d'eau)
Quelques feuilles d'estragon pour le service + Sel, poivre

❒ Écossez les petits pois. Pelez les carottes et coupez-les en rondelles. Lavez les asperges, retirez la partie dure de la base et coupez le reste en rondelles de 1 à 2 cm en conservant les pointes. Ciselez les oignons et 10 cm de leur tige. Pelez la tête d'ail, retirez les gousses et émincez-les finement.

❒ Dans un faitout, faites suer quelques minutes les oignons et l'ail avec l'huile. Versez le bouillon et portez à ébullition. Ajoutez les légumes et poursuivez la cuisson 10 minutes. Goûtez et rectifiez l'assaisonnement.

❒ Pendant ce temps, faites cuire les nouilles soba comme indiqué sur le paquet. Égouttez-les et répartissez-les dans 4 bols.

❒ Versez aussitôt le bouillon aux légumes, parsemez d'estragon fraîchement ciselé et arrosez d'un filet d'huile d'olive.

En hiver, remplacez les asperges par 2 poireaux et 1 branche de céleri, les petits pois par des petits cubes de navet, de courge, de rutabaga ou de panais et la botte d'oignons nouveaux par 1 oignon jaune.

CRÈME DE CHOU-FLEUR AUX CHIPS

POUR 4 PERSONNES • PRÉPARATION : 15 MIN • CUISSON : 25 MIN

1 échalote + 1 noix de beurre + 1 petit chou-fleur + 75 cl de bouillon de légumes ou d'eau
15 cl de crème fleurette + 1 poignée de chips de légumes + Sel, poivre

❒ Nettoyez le chou-fleur et séparez les gros bouquets. Épluchez et émincez l'échalote. Faites-la suer dans le beurre sans la laisser colorer pendant 5 minutes. Ajoutez les bouquets de chou-fleur et le bouillon. Faites cuire jusqu'à ce que le chou soit tendre.

❒ Pour finir, ajoutez la crème fleurette et portez à peine à ébullition. Versez le potage dans un blender. Salez et poivrez selon votre goût. Mixez 2 minutes pour obtenir une jolie crème. Allongez avec un peu d'eau si nécessaire.

❒ Servez dans des bols ou des assiettes creuses et garnissez de quelques chips de légumes croquants.

SOUPE DE PETIT ÉPEAUTRE AUX LÉGUMES PRIMEURS

POUR 6 PERSONNES • PRÉPARATION : 25 MIN • CUISSON : 45 MIN

200 g de petit épeautre de Haute-Provence en grains + 1 botte d'asperges vertes
750 g de petits pois frais + 3 carottes primeurs + 1 botte d'oignons nouveaux
1 tête ou 2 gousses d'ail sec d'ail nouveau + 1 feuille de laurier + 2 branches de thym frais
½ branche de romarin frais + 2 cuil. à soupe d'huile d'olive + un peu pour le service
2 cuil. à café de gros sel + Sel, poivre

❒ Lavez les oignons et l'ail, émincez-les finement en conservant 10 cm de tige. Écossez les petits pois. Lavez les carottes et coupez-les en rondelles. Lavez les asperges, retirez la partie dure de la base et coupez-les en rondelles de 1 à 2 cm en conservant les pointes. Rincez le petit épeautre.

❒ Faites suer 2 minutes à l'huile d'olive les oignons et l'ail émincés. Versez 1,5 litre d'eau et le gros sel dans une cocotte et portez à ébullition. Ajoutez le petit épeautre, le laurier, le thym et le romarin, couvrez et laissez mijoter 45 minutes à feu doux. Dix minutes avant la fin de la cuisson, ajoutez les légumes primeurs. Salez selon votre goût et poivrez. Servez la soupe très chaude avec un filet d'huile d'olive.

VELOUTÉ DE CAROTTES, PATATE DOUCE ET POTIRON

POUR 6 PERSONNES • PRÉPARATION : 15 MIN • CUISSON : 25 MIN

6 carottes + 1 patate douce + ¼ de potiron + 1 noix de beurre + 1 oignon + 1 cuil. à café de sucre en poudre roux + 2 cubes de bouillon de légumes + 1 pincée de cannelle + 1 pincée de noix de muscade en poudre + 3 morceaux de sucre + 20 cl de crème fraîche liquide
Marrons en boîte + Sel, poivre

❒ Pelez et coupez en morceaux le potiron, la patate douce et les carottes.

❒ Dans une casserole, faites revenir dans le beurre l'oignon émincé et le sucre roux. Quand il est doré, versez les morceaux de potiron, de carotte et de patate douce.

❒ Ajoutez de l'eau à hauteur des légumes ainsi que les cubes de bouillon. Salez. Faites cuire 20 minutes environ.

❒ Mixez le tout. Ajoutez la cannelle, la noix de muscade, du sel, les morceaux de sucre et la crème. Goûtez et rectifiez l'assaisonnement si nécessaire.

❒ Disposez sur le dessus des brisures de marron.

SOUPE AUX CÉRÉALES

POUR 6 PERSONNES • TREMPAGE : 12 H • PRÉPARATION : 20 MIN • CUISSON : 40 MIN

125 g de petit épeautre + 75 g de graines de sarrasin + 2 panais + 2 navets + 1 rutabaga
2 branches de céleri + 1 oignon + 3 gousses d'ail + 2 feuilles de laurier + 1 branche de thym
3 cuil. à soupe d'huile d'olive + un filet pour le service + Sel, poivre

❒ Mettez le petit épeautre à tremper pendant 12 heures. Pelez les panais, les navets et le rutabaga et coupez-les en morceaux. Lavez et effeuillez les branches de céleri. Ciselez les feuilles et coupez les branches en tronçons. Pelez l'oignon et coupez-le en lamelles. Pelez et dégermez les gousses d'ail.

❒ Dans un faitout, chauffez l'huile et faites revenir tous les légumes, à l'exception des feuilles de céleri, avec l'oignon et l'ail pendant plusieurs minutes à feu moyen. Versez 2 litres d'eau, ajoutez le petit épeautre, les feuilles de laurier et la branche de thym et portez à ébullition. Faites cuire à petit frémissement pendant 30 minutes. Ajoutez les graines de sarrasin et poursuivez la cuisson 10 minutes. Goûtez, salez et poivrez.

❒ Répartissez la soupe dans des assiettes creuses, parsemez de feuilles de céleri ciselées et arrosez d'huile d'olive.

MILLE-FEUILLE DE PÂTES AU FROMAGE

POUR 5 À 7 PERSONNES • PRÉPARATION : 45 MIN • CUISSON : 40 MIN

6 feuilles de yufka (plus épaisses que les feuilles de filo) ou 12 feuilles de pâte filo

Pour la sauce : 100 g de beurre fondu + un peu pour le plat + ¾ de l de lait entier
3 œufs + Sel, poivre

Pour la farce : 500 g de feta égouttée et coupée en petits morceaux + 1 petit fromage de chèvre type Petit Billy® + 1 petite botte de persil plat finement ciselé + Poivre

❒ Préparez la farce. Coupez les fromages en dés et mélangez-les à la fourchette avec le persil. Poivrez et réservez.

❒ Beurrez un plat rond ou rectangulaire, légèrement plus petit que les feuilles de yufka ou filo.

❒ Préparez la sauce. Dans une casserole, faites chauffer le lait et le beurre jusqu'à ce que le beurre soit fondu. Hors du feu, ajoutez les œufs battus en fouettant. Salez et poivrez.

❒ Préchauffez le four à 180 °C (th. 6). Préparez le montage du mille-feuille en disposant 1 feuille de yufka (ou 2 feuilles de filo) dans le fond du plat en la faisant remonter sur les bords et même dépasser de 1 ou 2 cm, en la plissant au fond si nécessaire. Versez quelques louches de sauce à l'œuf.

❒ Répétez le montage des feuilles trois fois pour utiliser la moitié des feuilles. Puis répartissez la totalité de la farce. Recouvrez avec une feuille de yufka (ou 2 de filo). Versez quelques louches de sauce et recommencez l'opération jusqu'aux dernières feuilles en les plissant au centre. Rentrez ensuite les bords sur les côtés du plat, comme pour une tarte Tatin. Versez le reste de sauce.

❒ Tassez la préparation à la main : elle doit avoir un aspect moelleux. Enfournez pour 40 minutes. Laissez tiédir avant de servir.

MINESTRONE

POUR 8 PERSONNES • PRÉPARATION : 20 MIN • CUISSON : 13 MIN

1 morceau de 50 g de parmesan + 1 carotte + ½ courgette + 500 g de petits pois frais avec cosses ou 130 g surgelés + 200 g de haricots verts + 1 branche de céleri + 1 pomme de terre + ½ oignon + 1 gousse d'ail + 1 bouquet de basilic + ½ bouquet de persil plat + 150 g de coquillettes + 200 g de pulpe de tomate + 120 g de pignons de pin grillés + 1 cube de bouillon de légumes + 20 g d'huile d'olive + 6 g de sel + 4 à 5 tours de moulin à poivre

❐ Épluchez et hachez l'ail et l'oignon. Lavez, effeuillez et ciselez le basilic et le persil ; conservez quelques feuilles pour le décor. Lavez tous les légumes. Taillez la carotte, la courgette et le céleri en petits cubes. Équeutez et coupez les haricots verts en tronçons de 1 cm. Écossez les petits pois. Épluchez, lavez et coupez la pomme de terre en petits cubes.

❐ À l'exception du parmesan et des pignons de pin, réunissez tous les ingrédients dans une grande casserole ou un faitout avec 1,2 litre d'eau.

❐ Couvrez jusqu'à l'ébullition, puis ôtez le couvercle, baissez le feu et remuez fréquemment jusqu'à ce que les pâtes soient cuites (13 minutes environ). Conservez du jus de cuisson, le minestrone étant une soupe. Râpez et ajoutez 20 g de parmesan. Mélangez.

❐ Versez les pâtes dans 8 assiettes à soupe, décorez avec le reste de persil et de basilic, puis répartissez les pignons de pin. Posez sur la table le reste de parmesan et une râpe pour que chacun puisse se servir.

TOFU SAUTÉ AU BASILIC THAÏ

POUR 4 PERSONNES • PRÉPARATION : 15 MIN • CUISSON : 20 MIN

250 g de tofu + 200 g de petits pois + 2 carottes + 2 gousses d'ail + 1 botte de basilic thaï
2 piments rouges thaïs + 20 cl d'huile + 2 cuil. à soupe + 1 cuil. à soupe de sucre
5 cuil. à soupe de sauce soja + 3 cuil. à soupe d'huile de sésame
3 cuil. à soupe de sauce végétarienne pour sauté

❐ Coupez le tofu en dés. Épluchez et coupez les carottes en dés. Écrasez les gousses d'ail et les piments. Rincez et ciselez le basilic thaï.

❐ Jetez les petits pois et les carottes dans de l'eau bouillante et laissez-les cuire 10 minutes. Égouttez-les, puis plongez-les dans un grand bol d'eau froide. Versez 20 cl d'huile dans le wok et chauffez à feu vif. Faites-y frire le tofu. Dès que les morceaux sont dorés, retirez-les et enlevez le surplus d'huile avec du papier absorbant. Réservez. Versez 2 cuillerées à soupe d'huile dans le wok et faites chauffer à feu vif. Ajoutez l'ail et les piments. Écrasez et faites cuire 1 minute. Versez un verre d'eau, puis ajoutez les carottes et les petits pois. Incorporez ensuite la sauce soja, la sauce végétarienne pour sauté, l'huile de sésame, versez le sucre et mélangez bien. Laissez cuire 5 minutes.

❐ Hors du feu, ajoutez le tofu, le basilic et mélangez bien.

Quand vous devez le faire sauter, choisissez toujours du tofu extraferme, qui tient beaucoup mieux à la cuisson.

LÉGUMES AU CURRY ROUGE ET TAMARIN

POUR 4 PERSONNES • PRÉPARATION : 20 MIN • CUISSON : 20 MIN

1 chou-fleur + 2 courgettes + 200 g de pois gourmands + ½ radis blanc + ½ botte de ciboulette thaïe + 2 l de lait de coco + 3 cuil. à soupe de sauce soja + 4 cuil. à soupe de concentré de tamarin + 2 cuil. à soupe de sucre de canne + 1 cuil. à soupe de pâte de curry rouge + 2 cuil. à soupe d'huile

❒ Séparez le chou-fleur en fleurettes et lavez-les. Épluchez et coupez les courgettes en morceaux. Équeutez et réservez les pois gourmands. Épluchez et coupez le radis en cubes de 3 cm environ. Lavez et ciselez la ciboulette.

❒ Versez l'huile dans le wok et faites chauffer à feu moyen. Faites revenir la pâte de curry rouge pendant 2 minutes. Versez ensuite le lait de coco et 2 verres d'eau, et laissez cuire 2 minutes. Incorporez le sucre de canne, la sauce soja et le concentré de tamarin. Ajoutez le radis blanc, puis laissez cuire au moins 5 minutes. Ajoutez le chou-fleur, les courgettes et laissez cuire 5 minutes. Ajoutez ensuite les pois gourmands, puis laissez cuire encore 3 minutes.

❒ Hors du feu, parsemez de ciboulette. Servez avec du riz blanc.

NIGIRIS AUX LÉGUMES

POUR 4 PERSONNES • PRÉPARATION : 15 MIN CUISSON : 10 MIN (HORS CUISSON DU RIZ)

240 g de riz pour sushis + 4 asperges + 2 cèpes + 4 pousses de maïs (mini-épis) 2 cuil. à café de jus de citron + 2 noix de beurre + 1 ½ cuil. à café de sauce de soja ¼ de feuille de nori + Quelques gouttes d'huile de truffe + Sel

❒ Faites cuire les asperges 4 minutes à l'eau bouillante salée. Égouttez-les sur un linge propre, puis coupez-les en tronçons de 5 cm de long.

❒ Nettoyez délicatement les cèpes et tranchez chacun en 4 lamelles. Faites chauffer une noix de beurre dans une petite poêle. Faites cuire les cèpes jusqu'à ce qu'ils soient bien dorés. Assaisonnez-les de 1 cuillerée de sauce de soja et de 1 cuillerée de jus de citron.

❒ Faites chauffer une noix de beurre dans une petite poêle. Ajoutez les pousses de maïs et faites-les cuire jusqu'à ce qu'elles soient bien dorées. Assaisonnez-les avec le reste de sauce de soja.

❒ Formez les nigiris à la main avec 20 g de riz. Pour que le riz ne colle pas aux doigts, mouillez-les avec de l'eau vinaigrée. Placez les légumes sur le riz.

❒ Attachez les asperges d'un ruban de nori. Arrosez les cèpes de 1 cuillerée de jus de citron. Versez un filet d'huile de truffe sur les pousses de maïs.

PAD THAÏ

POUR 1 PERSONNE • PRÉPARATION : 15 MIN • CUISSON : 10 MIN (HORS CUISSON DES NOUILLES)

80 g de nouilles de riz + 50 g de tofu ferme nature + 50 g de pousses de soja
2 branches de ciboule (ou d'oignon nouveau) + 2 échalotes + 1 citron vert + 1 œuf
2 cuil. à soupe de cacahuètes + 2 cuil. à soupe d'huile d'olive

Pour la sauce : 2 cuil. à soupe de tamari + 2 cuil. à soupe de vinaigre balsamique
2 cuil. à soupe de sucre de canne blond

❒ Portez une casserole d'eau à ébullition et faites cuire les nouilles de riz comme indiqué sur le paquet.

❒ Préparez la sauce en mélangeant tous les ingrédients.

❒ Coupez le tofu en cubes. Coupez les branches de ciboule en tronçons de 2 cm. Épluchez et émincez les échalotes. Prélevez le jus de la moitié du citron vert et coupez l'autre moitié en quartiers. Hachez les cacahuètes.

❒ Dans un wok, chauffez 1 cuillerée à soupe d'huile et faites-y sauter les cubes de tofu. Réservez. Versez dans le wok le restant d'huile et faites revenir les échalotes. Incorporez la sauce et caramélisez légèrement 2 à 3 minutes. Ajoutez les nouilles de riz et laissez-les cuire avec le jus. Puis, à l'aide d'une spatule, repoussez les pâtes sur le côté du wok et versez l'œuf sur l'espace libéré. Mélangez-le comme pour le brouiller et, avant qu'il ne soit trop cuit, incorporez-le aux pâtes afin qu'il les enrobe. Enfin, ajoutez le jus de citron, le tofu sauté et les cacahuètes. Mélangez et poursuivez la cuisson pendant 30 secondes.

❒ Retirez du feu, garnissez le pad thaï de pousses de soja et de ciboule, mélangez et servez bien chaud avec les quartiers de citron.

RIZ INDIEN AUX LÉGUMES ET AUX FRUITS SECS

POUR 6 PERSONNES • PRÉPARATION : 30 MIN • CUISSON : 20 MIN

200 g de riz basmati + 120 g de noix de cajou et raisins secs + 1 pomme de terre 2 carottes + 2 poignées de haricots verts + ¼ de tête de brocoli + 1 oignon + 2 gousses d'ail 2 yaourts + 20 g de beurre + 2 cm de gingembre frais + 1 feuille de laurier + 2 gousses de cardamome + 1 bâton de cannelle + 2 cuil. à soupe d'huile d'olive + 3 cuil. à café de garam masala + Sel fin

❒ Pelez, rincez et coupez la pomme de terre en petits dés. Pelez et coupez les carottes en dés. Lavez, équeutez et coupez en tronçons de 2 cm les haricots verts. Détachez les fleurettes de brocoli et rincez-les. Pelez et ciselez finement l'oignon. Pelez, dégermez et hachez l'ail. Pelez et hachez le gingembre. Rincez le riz à l'eau claire. Dans une poêle chaude, faites torréfier les noix de cajou quelques secondes sans cesser de remuer.

❒ Dans une cocotte, versez l'huile d'olive et faites revenir l'oignon jusqu'à coloration. Ajoutez le garam masala, le gingembre et l'ail haché, puis faites dorer 2 minutes. Ajoutez les légumes et 1 yaourt, versez 20 cl d'eau, puis 1 cuillerée à café de sel. Mélangez et laissez mijoter à feu doux et à couvert pendant 20 minutes. Pendant ce temps, dans une casserole, faites chauffer à feu doux le beurre, versez le riz et remuez le temps qu'il s'enrobe de gras. Ajoutez 35 cl d'eau, les gousses de cardamome, le bâton de cannelle et la feuille de laurier, couvrez et laissez cuire 7 minutes. Laissez reposer à couvert 5 minutes. Dans la cocotte de légumes, ajoutez le riz, 1 yaourt et ¾ des raisins et des noix de cajou torréfiées. Mélangez.

❒ Disposez le riz aux légumes dans un plat chaud de service et décorez des fruits secs réservés.

DAHL AUX 3 LENTILLES

POUR 4 PERSONNES • PRÉPARATION : 15 MIN • CUISSON : 35 MIN

80 g de lentilles vertes + 80 g de lentilles blondes + 80 g de lentilles corail
1 tomate coupée en petits dés + 2 gousses d'ail hachées + 1 cm de gingembre épluché et haché + 2 cuil. à café de ghee ou, à défaut, de beurre + 1 cuil. à café de graines de cumin + 1 cuil. à café de curcuma + ½ cuil. à café de graines de moutarde + 2 piments verts épépinés et hachés grossièrement + 1 piment rouge épépiné et haché grossièrement + 1 cuil. à soupe de persil ciselé + 1 pincée de sucre en poudre + Sel

❒ Mesurez le volume des lentilles dans un verre doseur, puis mesurez 3 fois leur volume d'eau.

❒ Versez l'eau dans une casserole, ne salez pas, ajoutez les lentilles blondes et les lentilles vertes. Portez à ébullition et faites cuire pendant 10 minutes à petits frémissements. Ajoutez les lentilles corail et prolongez la cuisson pendant 15 minutes. Égouttez les lentilles au-dessus d'un récipient.

❒ Mixez la moitié des lentilles avec la moitié de l'eau de cuisson, réservez le reste des lentilles.

❒ Chauffez le ghee ou le beurre dans une poêle ou un wok, torréfiez les graines de moutarde et de cumin avec les piments verts pendant 2 minutes. Ajoutez le gingembre, l'ail et la tomate, faites revenir l'ensemble pendant 3 minutes. Ajoutez le curcuma et le sucre, incorporez les lentilles en purée, puis les lentilles entières.

❒ Salez, mélangez et laissez cuire doucement pendant 3 à 4 minutes jusqu'à ce que l'ensemble soit bien chaud. Goûtez et rectifiez l'assaisonnement si nécessaire.

❒ Servez parsemé de persil ciselé et de piment rouge haché.

ALOO PALAK (CURRY DE POMMES DE TERRE AUX ÉPINARDS)

POUR 4 PERSONNES • PRÉPARATION : 20 MIN • CUISSON : 35 À 40 MIN

6 pommes de terre épluchées et coupées en dés + 350 g de pousses d'épinard
2 tomates coupées en dés + 1 oignon finement haché + 2 gousses d'ail finement hachées
2 cuil. à soupe d'huile + 1 cuil. à soupe de graines de coriandre + 1 cuil. à café de graines de cumin + 1 cuil. à café de garam masala + 1 cuil. à café de curcuma + 1 pincée d'asafoetida (facultatif) + 1 pincée de piment en poudre + Sel

❒ Disposez les pommes de terre dans une casserole et couvrez-les d'eau froide. Ajoutez le garam masala et faites cuire pendant 20 minutes à partir de l'ébullition jusqu'à ce que les pommes de terre soient tendres. Égouttez-les en conservant 2 cuillerées à soupe d'eau de cuisson.

❒ Chauffez, pendant ce temps, l'huile dans une sauteuse et faites-y revenir les graines de cumin et de coriandre pendant 3 minutes à feu doux. Ajoutez l'oignon et l'ail hachés, les dés de tomate, le curcuma, l'asafoetida, le piment et le sel. Faites revenir le tout pendant 5 minutes, puis incorporez les épinards. Prolongez la cuisson pendant 3 minutes en mélangeant, jusqu'à ce que les épinards soient flétris, puis mixez le tout en une purée lisse en incorporant progressivement l'eau de cuisson réservée.

❒ Disposez les pommes de terre cuites et égouttées dans la sauteuse avec la sauce. Faites réchauffer l'ensemble pendant 5 minutes à feu doux tout en remuant.

ALOO GOBI

POUR 4 PERSONNES • PRÉPARATION : 10 MIN • CUISSON : 30 MIN

200 g de pommes de terre + 200 g de chou-fleur en bouquets + 200 g de brocoli en bouquets + 100 g de petits pois + 1 cuil. à soupe d'huile + 1 petit oignon haché 2 gousses d'ail hachées + 1 cuil. à café de curcuma + ½ cuil. à soupe de graines de moutarde noire + 2 feuilles de curry émiettées + 1 piment vert entier + 1 piment rouge haché + Sel

❒ Épluchez, rincez et séchez les pommes de terre, puis coupez-les en cubes. Rincez et séchez les bouquets de chou-fleur et de brocoli.

❒ Torréfiez les graines de moutarde, les feuilles de curry et le piment vert dans l'huile pendant 2 minutes. Ajoutez l'oignon et l'ail hachés et faites revenir l'ensemble pendant 4 minutes à feu doux. Ajoutez le curcuma, mélangez, puis incorporez les pommes de terre et les bouquets de chou-fleur et de brocoli.

❒ Couvrez d'eau, salez et laissez mijoter pendant 20 minutes à feu doux. Incorporez les petits pois 5 minutes avant la fin de la cuisson.

❒ Vérifiez la cuisson des légumes et servez parsemé de piment rouge haché.

BETTERAVES À LA MAROCAINE

POUR 4 PERSONNES • PRÉPARATION : 10 MINUTES

2 betteraves cuites + 3 gousses d'ail violet + ⅓ de bouquet de coriandre + 1 cuil. à soupe d'huile d'olive + Sel, poivre

- Épluchez les betteraves et coupez-les en dés.
- Pelez les gousses d'ail et râpez-les. Lavez la coriandre et ciselez-la.
- Mettez tous ces ingrédients dans un saladier, assaisonnez d'huile d'olive, salez, poivrez, et réservez au frais jusqu'au moment de déguster.

TAJINE DE POMMES DE TERRE À L'AIL

POUR 6 PERSONNES • PRÉPARATION : 15 MIN • CUISSON : 30 MIN

1 kg de pommes de terre (variété à chair ferme) + 5 belles gousses d'ail
2 oignons + 1 bouquet de coriandre fraîche + 4 cuil. à soupe d'huile d'olive + 1 cuil. à café de curcuma + 1 cuil. à café de harissa + Sel, poivre

❒ Pelez les pommes de terre, lavez-les et coupez-les en cubes pas trop petits. Pelez les oignons et émincez-les finement. Pelez les gousses d'ail et écrasez-les une par une avec le plat d'un couteau à large lame. Lavez et épongez la coriandre, coupez les queues.

❒ Versez l'huile dans une cocotte ou un poêlon, faites-la chauffer et ajoutez les oignons. Faites-les revenir sans trop colorer pendant 5 minutes en remuant. Ajoutez les pommes de terre, l'ail et le curcuma. Salez, poivrez et couvrez. Portez lentement à ébullition, puis baissez le feu et couvrez.

❒ Intercalez un diffuseur de chaleur si vous utilisez un ustensile de cuisson en terre. Ajoutez la harissa et la coriandre. Versez un grand verre d'eau et laissez mijoter pendant 20 à 25 minutes. Servez très chaud.

TAJINE DE CAROTTES AUX OIGNONS

POUR 6 PERSONNES • PRÉPARATION : 15 MIN • CUISSON : 1 H

1 kg de carottes longues + 500 g d'oignons doux + 1 bouquet de coriandre fraîche
1 bouquet de persil plat + 2 gousses d'ail + 1 cm de gingembre frais + 1 citron
150 g d'olives noires + 5 cuil. à soupe d'huile d'olive + 2 pincées de cumin
2 pincées de piment en poudre + 1 mesure de safran + Sel, poivre

❐ Pelez les carottes et coupez-les en rondelles régulières pas trop fines. Pelez et émincez les oignons. Lavez la coriandre et le persil. Ciselez grossièrement les feuilles et mélangez-les. Pelez et hachez l'ail. Pelez et hachez le gingembre. Dénoyautez les olives.

❐ Versez les rondelles de carotte dans un plat à tajine ou un grand poêlon en terre en les mélangeant avec les oignons. Recouvrez-les de persil et de coriandre. Versez l'huile d'olive, puis ajoutez le gingembre, l'ail, le cumin, le piment et le safran, salez et poivrez. Remuez délicatement, puis posez le couvercle et faites cuire sur feu très doux pendant 1 heure, en intercalant un diffuseur de chaleur.

❐ Lorsque le contenu du tajine est cuit et les carottes bien fondantes, ajoutez les olives noires dénoyautées et arrosez de jus de citron. Mélangez délicatement et servez aussitôt.

CHAKCHOUKA TUNISIENNE

POUR 4 PERSONNES • PRÉPARATION : 15 MINUTES • CUISSON : 25 MINUTES
REPOS : 5 MINUTES

6 tomates + 4 pommes de terre moyennes (roseval) + 3 poivrons + 1 gros oignon
2 gousses d'ail + 4 œufs + 1 cuil. à café de paprika ou harissa arbi
1 cuil. à café de coriandre en poudre + Quelques brins de coriandre fraîche
2 cuil. à soupe d'huile d'olive + Sel

❒ Pelez l'oignon et les gousses d'ail, émincez-les. Lavez les tomates et coupez-les en dés.

❒ Épluchez les pommes de terre et coupez-les en cubes.

❒ Lavez les poivrons, épépinez-les et coupez-les en morceaux.

❒ Faites chauffer l'huile d'olive dans une grande sauteuse. Lorsqu'elle frissonne, mettez l'oignon et l'ail et faites revenir quelques instants. Ajoutez ensuite les tomates, du paprika (ou harissa arbi), de la poudre de coriandre et du sel.

❒ Faites revenir de nouveau quelques minutes, puis ajoutez les pommes de terre. Couvrez d'eau et laissez cuire à feu moyen, 20 minutes environ à découvert, en surveillant la cuisson.

❒ Lorsque la sauce a réduit, ajoutez les poivrons, mélangez, puis cassez délicatement les œufs à la surface du plat en les espaçant le plus possible. Couvrez et laissez cuire 5 minutes à feu très doux. Éteignez le feu et laissez reposer 5 minutes. Parsemez de coriandre fraîche et servez aussitôt.

COUSCOUS AFOUROU

POUR 6 PERSONNES • PRÉPARATION : 30 MIN • CUISSON : 45 À 50 MIN

500 g de semoule de couscous (moyenne ou fine) + 1 carotte + 1 courgette + ½ oignon 1 navet + 100 g de petits pois + 100 g de haricots verts + 100 g de pommes de terre (facultatif) + Huile d'olive

❒ Préparez les légumes. Épluchez, si besoin, et détaillez les légumes en petits dés. Écossez les petits pois et coupez les haricots verts en deux ou en trois. Le tout doit former une belle macédoine de légumes.

❒ Faites cuire les légumes tous ensemble à la vapeur 30 minutes environ. Réservez les légumes au chaud.

❒ Préparez la semoule du couscous. Déposez les graines de couscous dans la jatte, mélangez-le avec les légumes cuits à la vapeur et arrosez d'huile d'olive (important : le couscous doit être encore chaud).

Le couscous afourou est un couscous léger et sain, préparé exclusivement avec des légumes de saison cuits à la vapeur et arrosés d'huile d'olive. Il peut être servi avec du leben (petit-lait ou babeurre) et des œufs durs. Un pur régal !

INDEX

Aloo gobi, **182**

Aloo palak (curry de pommes de terre aux épinards), **180**

Aubergines à la bonifacienne, **56**

Avoine, omelette et patate douce, **23**

Betteraves à la marocaine, **183**

Blettes au mascarpone, **30**

Boulgour aux herbes et tartare de cœur de bœuf, **125**

Buddha bowl, **126**

Butternuts farcies au quinoa, **16**

Cake à la patate douce et au romarin, **103**

Cake aux poireaux, au gorgonzola et aux graines, **104**

Carottes confites à la poêle, **43**

Cassolettes de potimarron à la polenta, **70**

Céréales, œufs durs et tomates cerises, **24**

Cerfeuil tubéreux sauté aux châtaignes, **45**

Chakchouka tunisienne, **186**

Chou chinois sauté aux tomates cerises, **42**

Clafoutis aux tomates cerises, olives et parmesan, **106**

Clafoutis de fleurs de carotte, **108**

Conchiglioni aux légumes rôtis, pesto de basilic, **8**

Couscous afourou, **188**

Crème de céleri-rave, mouillettes de pesto, **146**

Crème de chou-fleur aux chips, **162**

Crème de topinambours, épinards et noix torréfiées, **148**

Crumble de fenouil au chèvre, **54**

Dahl aux 3 lentilles, **178**

Endives et champignons aux herbes fraîches, **32**

Épinards au chèvre frais, **44**

Fenouil braisé aux olives vertes, **28**

Flans aux herbes, **105**

Galette de flocons maxi format, sauce blanche, **78**

Galette de polenta à la courgette, petits pois, feta et menthe, **92**

Galettes aux spaghettis de légumes, **80**

Galettes de betterave à l'avoine et roquette, **90**

Galettes de courgettes au curry, **82**

Galettes de flocons de céréales, sauce au yaourt, **94**

Galettes de haricots rouges, épinards et champignons, **86**

Galettes d'épinards, radis et grenade, **85**

Galettes de quinoa blanc, chou et radis, **93**

Galettes de riz et roquette, **84**

Galettes de tofu aux pois chiches, sauce teriyaki, **88**

Galettes farcies, **83**

Gâteau courgette-feta, **102**

Gâteau de légumes anciens à l'ossau-iraty, **100**

Gâteau de pomme de terre aux herbes fraîches, **98**

Gratin de céleri-rave et crumble, **73**

Gratin de courgettes, **68**

Gratin de crozets aux poireaux, **72**

Gratin de légumes-racines, **58**

Gratin de pâtes, **53**

Lasagne à la brousse et au pesto, **60**

Légumes au curry rouge et tamarin, **172**

Légumes sautés au miel et gingembre, **48**

Mac & cheese, **66**

Marmelade de légumes d'été, **38**

Mille-feuille de pâtes au fromage, **166**

Minestrone, **168**

Mix de légumes sautés, **34**

Moulinée à la savoyarde, tartines de beaufort, **150**

Nigiris aux légumes, **173**

Œufs gratinés au four, **62**

One pan pasta à la norma, **10**

)recchiette au chou romanesco à la crème d'ail
t de citron, **12**
ad thaï, **174**
aillasson de courge, œuf mollet et salade, **96**
atates douces farcies au comté, **63**
âtes aux tomates séchées et artichaut, **13**
erles de blé et radis rose, **25**
ilaf de riz noir, légumes croquants, **4**
oêlée de chou kale au gingembre, œufs et feta, **36**
oêlée de légumes d'automne et quinoa, **46**
oêlée de mange-tout et tomates, **50**
ois chiches et edamames croustillants, **33**
oivrons farcis au millet, **26**
uenelles aux cèpes, **52**
)uenelles d'épinards au four, **65**
)uiche aux pignons et au basilic, **112**
)uiche sans pâte quinoa-chou kale-menthe-tomate, **110**
)uinoa-pousses d'épinards champignons-parmesan, **18**
isotto d'épeautre, **22**
isotto de quinoa et d'asperges, **14**
iz indien aux légumes et aux fruits secs, **176**
iz noir aux navets confits, **6**
alade au chou-rave et aux carottes marinées, **136**
alade de betterave, orange et graines, **124**
alade de butternut rôtie et petit épeautre, **130**
alade de lentilles corail à l'indienne, **132**
alade de petit épeautre, houmous de poivron rouge, **20**
alade de petits artichauts violets au parmesan, **133**
alade de quinoa aux courges confites, **128**
alade de quinoa et légumes croquants, **138**
Salade de riz rouge et tofu aux légumes, **143**
Salade énergie, **123**
Salade printanière au chou kale, **142**
Salade quinoa-betterave-coriandre-pomme-feta, **140**
Soupe au pistou, **145**
Soupe aux céréales, **165**
Soupe de légumes primeurs aux nouilles soba, **160**
Soupe de petit épeautre aux légumes primeurs, **163**
Soupe de pois chiches au cumin,
mouillettes au fromage de brebis, **158**
Soupe froide à la tomate et à l'ail, **144**
Soupe orange à l'orge perlé, **152**
Steak végétal, sauce chimichurri, **76**
Taboulé de persil, **122**
Tajine de carottes aux oignons, **185**
Tajine de pommes de terre à l'ail, **184**
Tarte à la carotte et chou rouge aux graines, **118**
Tarte aux épinards, noix et gorgonzola, **116**
Tarte aux oignons rouges, **113**
Tarte aux poireaux avec une pâte de quinoa, **114**
Tarte fine aux tomates cerises et tomates vertes, **120**
Tian provençal, **64**
Tofu sauté au basilic thaï, **170**
Veggie bowl de printemps, **134**
Veggie burger, **74**
Velouté courgettes-pois chiches aux graines germées, **154**
Velouté de brocolis, tuiles au parmesan, **156**
Velouté de carottes, patate douce et potiron, **164**
Velouté potirons et lait d'amande, **153**
Wok de panais aux pleurotes, **40**

RECETTES :

Céline Mennetrier : 4, 6, 8, 12, 16, 26, 30, 62, 70, 72, 73, 74, 76, 78, 80, 90, 94, 96, 98, 100, 102, 118, 124, 125, 126, 128, 130, 134, 136, 138, 145, 146, 148, 150, 160, 163, 165, 174, 176 ; Véronique Cauvin : 10, 13, 63, 66, 108, 168 ; Marion Beilin : 14, 18, 110, 114, 140, 154 ; Virginie Robichon : 20, 23, 24, 25, 84, 85, 86, 93 ; Laura Annaert : 22, 38, 43, 105, 162 ; Régine Teyssot : 28, 50, 56, 68, 183, 186 ; Véronique Liégeois : 32, 42, 44, 48, 122, 132, 133, 142, 143, 144, 152, 153, 156, 158 ; Emilie Laraison : 33 ; Peï : 34, 170, 172 ; Zoé Armbruster : 36, 92 ; Martine Lizambard : 40, 45, 54, 64, 106 ; Ingrid Bernard : 46 ; Lucia Pantaleoni : 52, 65 ; Natacha Arnoult : 60 ; Alice Greetham : 82 ; Céline de Cérou : 53, 58, 83, 88 ; Valéry Guedes : 103, 104, 112 ; Nathalie Helal : 113, 116, 120 ; Delphine de Malachard des Reyssiers : 123, 164 ; Corinne et Richard Zarzavatdjian : 167 ; Motoko Okuno : 173 ; Julie Soucail : 178, 180, 182 ; Sylvie Girard-Lagorce : 184, 185 ; Sherazade Laoudedj : 188

PHOTOGRAPHIES ET STYLISME :

Nathalie Carnet/ Lucie Dauchy : 5, 9, 27, 62, 71, 72, 73, 75, 95, 103, 119, 125, 129, 163, 177 ; Amandine Honegger / Sylvie Rost : 7, 15, 19, 32, 42, 44, 49, 77, 79, 81, 111, 115, 127, 131, 135, 141, 145, 147, 155, 175 ; Amélie Roche / Sandra Schumann : 11, 13, 122, 132, 133, 142, 143, 169 ; Valéry Guedes : 12, 17, 31, 91, 97, 103, 104, 112, 124, 137, 139, 149, 151, 161, 165 ; Virginie Robichon : 21, 23, 24, 25, 84, 85, 87, 93 ; Claire Curt / Pauline Ricard-André : 22, 39, 43, 105, 162 ; Guillaume Czerw / Sophie Dupuis Gaulier : 29, 51, 57, 63, 67, 69, 109, 144, 152, 153, 157, 159, 166, 183, 187 ; Emilie Laraison : 33 ; Pierre Chivoret / Alexia Janny : 35, 171, 172, 189 ; Zoé Armbruster : 37, 92 ; Amélie Roche / Audrey Cosson : 41, 45 ; Ingrid Bernard : 47 ; Valéry Guedes / Audrey Cosson : 52, 65 ; Valéry Guedes / Natacha Arnoult : 55 ; Édouard Sicot / Natacha Arnoult : 61 ; Éric Fenot / Delphine Brunet : 64 ; Julie Bienvenot : 82 ; Céline de Cérou : 54, 59, 83, 89, 123, 164 ; Pierre Chivoret / Victorine Ducolombier : 107 ; Bernard Radvaner / Motoko Okuno : 113, 117, 121 ; Pierre-Louis Viel / Motoko Okuno : 173 ; Atelier Mai 68 / Julie Soucail : 179, 181, 182 ; Nathalie Carnet / Manuela Chantepie : 185, 186

Directeur éditorial : **Didier Férat**

Édition : **Diane Monserat**

Graphisme : **Julia Philipps**

Mise en page : **Nord Compo**

Fabrication : **Laurence Duboscq**

ISBN : 978-2-263-17397-4

Code éditeur : L 17397

Dépôt légal : janvier 2021

Imprimé en Espagne par Macrolibros

FSC
www.fsc.org
MIXTE
Papier issu de sources responsables
FSC® C003309